科普人才培养丛书

庞晓东 王 挺 郑永和 主编

科学课程标准 与教材研究

主 编 王晶莹 杨 洋

科学出版社

北 京

内 容 简 介

本书立足于义务教育科学课程标准，反映教育科学的最新发展成果，并基于义务教育阶段科学课程标准、教材与教学中的关键问题组织内容。全书共六章，主要内容包括科学教育与科学课程的历史与背景介绍、小学科学课程标准与义务教育科学课程标准的详细解读、对小学科学教材的深入分析、深入理解课程标准与教材的分析方法、基于课程标准与教材的小学科学活动设计案例，以及近年来有关小学科学课程标准与教材的研究。

本书可供高等院校科学教育专业本科生、研究生阅读，也可供中小学科学教师、教研员和科学教育研究者参考。

图书在版编目（CIP）数据

科学课程标准与教材研究 / 王晶莹，杨洋主编. -- 北京：科学出版社，2025. 7. -- ISBN 978-7-03-082202-4

Ⅰ. G633.73

中国国家版本馆 CIP 数据核字第 20250KZ143 号

责任编辑：张　莉　刘巧巧 / 责任校对：张小霞
责任印制：师艳茹 / 封面设计：有道文化

科学出版社 出版
北京东黄城根北街 16 号
邮政编码：100717
http://www.sciencep.com

北京九州迅驰传媒文化有限公司印刷
科学出版社发行　各地新华书店经销
*

2025 年 7 月第 一 版　开本：720×1000　1/16
2025 年 7 月第一次印刷　印张：11 1/2
字数：201 000

定价：78.00 元
（如有印装质量问题，我社负责调换）

本书编委会

主　　编：王晶莹　杨　洋

编　　者：王不一　田雪葳　王　卓　李　佳

　　　　　高守宝　董宏建

总　　序

　　科学技术普及（简称科普）是国家和社会普及科学技术知识、倡导科学方法、传播科学思想、弘扬科学精神的活动。科普伴随着科学技术的传播而产生，并随着不断适应时代进步的要求而发展。中华文明作为世界四大古文明之一，自诞生以来，就以其独特而持续的发展轨迹熠熠生辉。中华文明涵盖了中国传统科技文明，这体现在中华民族与自然互动的过程中，形成了一套独特的认知自然和变革自然的技术体系。中华民族还开创了传播自然知识和扩散技术的路径，造纸术、指南针、火药、印刷术就是其中的杰出代表，这些不仅为中国人民带来了福祉，更传遍了世界各地，成为全人类共享的宝贵财富。然而，近代西方现代科学技术最初传入中国时，曾被视为"奇技淫巧"而未受到足够重视，致使中国错失了把握工业革命、工业文明带来的先进生产力的良机，错失了通过科技实现自强自立的历史机遇。

　　在认识理解科学技术的作用后，近代中国涌现出无数仁人志士，不断探索强国振兴之道。五四运动高举"民主"和"科学"两大旗帜，积极传播科学精神，推动科学启蒙和思想解放。新民主主义革命时期，中国共产党秉持着科普为民的理念情怀，致力于扫除文盲，大力推广医药卫生、军事、农业及工业等领域的科普活动，以提升根据地军民的科学素质，提高生产力水平。中华人民共和国成立之际，将"普及科学知识"作为基本国策写入《中国人民政治协商会议共同纲领》，并在文化部下设专门的科普行政机构——科学普及局；1950年8月，又成立中华全国科学技术普及协会（简称"全国科普"），以积极开展广泛而深入的群众性科学普及活动。1978年，党中央召开了具有深远历史意义的全国科学大会，中华大地迎来了"科学的春天"，也迎来了"科普的春天"。《中华人民共和国宪法》规定"国家发展自然科学和社会科学事业，普及科学和技术知识，奖励科学研究成果和技术发明创造"。科普工作在激发群众的创造活力、树立新风、破除迷信、提高全民族的科学文化素质、推动经济社会全面发展和持续进步等方面发挥了积极作用。

进入 21 世纪以来，在党和国家的重视与推动下，我国科普事业呈现新的发展态势。2002 年颁布《中华人民共和国科学技术普及法》（简称《科普法》），不仅在我国科普事业发展史上树立了一座丰碑，更是全球范围内首部专门的科普法律，为科普工作走上法治化轨道开创了世界先河。2006 年国务院颁布实施《全民科学素质行动计划纲要（2006—2010—2020 年）》，是我国首次以国家战略高度系统规划公民科学素质建设的纲领性文件，其颁布实施对科普事业的建制化、体系化发展具有里程碑意义。

党的十八大以来，中国特色社会主义进入新时代。习近平总书记创造性地提出"科技创新、科学普及是实现创新发展的两翼，要把科学普及放在与科技创新同等重要的位置"①的重要论断，为新时代科普工作指明了方向，提供了根本遵循。

"两翼理论"②以长远的战略眼光完善了当今中国创新发展的基本逻辑，提出了突破传统理论框架的创新发展观。它创造性地把科普作为创新发展的"一翼"，进一步强调中国的科技发展以人民为中心，现代化进程需要更高的公民科学素质、更崇尚创新的社会氛围、更高水平的科技文明程度。科普以促进知识扩散、提高公众科学素质、营造文化氛围的方式，推动创新发展不断向前迈进。

在"两翼理论"引领下，我国科普事业取得了前所未有的历史性成就，谱写了壮丽的史诗篇章。2022 年中共中央办公厅、国务院办公厅印发《关于新时代进一步加强科学技术普及工作的意见》，2024 年新修订的《科普法》颁布实施。通过"一法、一纲要、一意见"③的颁布实施，我国构建了科普事业的顶层设计规划。截至 2022 年底，全国共有 29 个省（自治区、直辖市）据此制定了科普条例或科普法的实施办法。同时，相关部委、行业也出台了一系列科普法规和制度，已经形成了从中央到地方、从专业机构到职能部门的较为完善的科普政策法

---

① 习近平. 为建设世界科技强国而奋斗——在全国科技创新大会、两院院士大会、中国科协第九次全国代表大会上的讲话. 北京：人民出版社，2016.

② 全国政协科普课题组. 2021. 深刻认识习近平总书记关于科技创新与科学普及"两翼理论"的重大意义 建议实施"大科普战略"的研究报告（系列一）. http://www.cppcc.gov.cn/zxww/2021/12/15/ARTI1639547625864246.shtml[2023-11-12].

③ "一法、一纲要、一意见"指《中华人民共和国科学技术普及法》《全民科学素质行动计划纲要（2006—2010—2020 年）》及随后的《全民科学素质行动规划纲要（2021—2035 年）》《关于新时代进一步加强科学技术普及工作的意见》。

规体系，为我国科普工作和公众科学素质建设提供了政策法规保障，使其成为一项系统性的国家工程。

在政策法规的有力保障下，我国的科普工作体系逐步建立健全，自中央部门到地方基层形成了全覆盖的社会动员网络。政府、社会、市场等协同配合，构建了社会化科普发展格局，在各级财政预算中设有专门的科普经费，积极引导社会资金和社会资源投入科普事业。科学教育与培训体系持续完善，科学教育纳入基础教育；大众传媒的科技传播能力大幅提高，科普信息化水平显著提升；科普基础设施迅速发展，现代科技馆体系初步建成；科普人才队伍不断壮大；科普监测评估体系不断完善，定期开展全国科普统计和公民科学素质调查；科学素质国际交流实现新突破。经过长期不懈努力，我国公民具备科学素质的比例从 2001 年的 1.44% 提升到 2024 年的 15.37%①，为中国创造经济社会发展奇迹提供了坚实支撑。

当前，世界之变、时代之变、历史之变正以前所未有的方式展开。世界百年未有之大变局正在加速演进，国际科技竞争更加激烈，大国战略博弈日趋白热化。在党的坚强领导下，广大人民群众团结一心，全力推进强国建设和民族复兴。实现这一宏伟目标，需要大力加强国家科普能力建设，充分发挥科普服务创新功能，提升国家创新体系整体效能，推动形成全社会理解、支持和参与创新的良好社会氛围，孕育科技创新突破潜能，确保以科技现代化支撑中国式现代化行稳致远。

人才是第一资源。为推动新时代科普工作高质量发展，指导和服务高等学校、科研院所、科普场馆、媒体等各类机构加强对高层次科普专业人才的培养和科普专兼职人员的能力培训，促进培育专兼结合、素质优良、覆盖广泛的科普工作队伍，中国科普研究所联合北京师范大学共同启动"科普人才培养丛书"编写工作，邀请全国高层次科普专门人才培养试点高校教师和一线科普专家共同参与，总结科普理论和实践经验，探索科普创新发展的方向和路径，为科普人才培养课程建设和科普人员继续教育提供参考。

"科普人才培养丛书"由庞晓东、王挺、郑永和担任主编，首批包括《新时代中国科普理论与实践》《科普活动探究》《科普资源的开发与传播》《科普研究导论》《科学课程标准与教材研究》5 个分册。其中，《新时代中国科普理

---

① 国家统计局. 中华人民共和国 2024 年国民经济和社会发展统计公报. https://www.stats.gov.cn/sj/zxfb/202502/t20250228_1958817.html[2025-04-19].

论与实践》由王挺、任定成担任主编，郑念、谢小军担任副主编，全面总结了新时代科普工作的主要成就，深入探讨了中国科普事业的历史演进、当下现状、行动纲要及未来发展趋势，该册已由中国科学技术出版社出版。《科普活动探究》由王小明担任主编，傅骞、胡富梅担任副主编，跨越传统学科界限，从深度学习的视角出发，以参与者为主体设计具有亲和力、沉浸式和场景化的科普活动，在案例梳理和研究的基础上，提出了适应不同认知水平和规模的科普活动实施流程与评价原则。《科普资源的开发与传播》由周忠和担任主编，陈玲、李红林担任副主编，系统阐述了科普资源的概念、分类、发展脉络及应用场景，深入分析了科普资源开发与传播的现状与问题，并探讨了有效的推广策略与效果评估。《科普研究导论》由郑念、张利洁担任主编，颜燕担任副主编，阐述科普研究的内涵，系统梳理科普研究的理论、方法、内容以及研究与写作过程，揭示科普研究的内在规律与独特研究特点。《科学课程标准与教材研究》由王晶莹、杨洋担任主编，与当前科学教育的情况与趋势保持高度一致，突出了科学课程标准与教材在科学教育中的作用，为科学教育工作者提供了严谨的课程标准与教材分析工具。

衷心希望"科普人才培养丛书"的研发及出版能够为科普工作的高质量发展，为全民科学素质的提升，为加快实现高水平科技自立自强，为建设科技强国作出积极贡献。

"科普人才培养丛书"编写组

2025 年 5 月

前　　言

　　科学教育作为基础教育的重要组成部分，不仅是培养学生科学素养的关键途径，也是推动社会进步和科技创新的基石。随着全球教育改革的不断深化，科学教育的理念、目标和方法也在不断演进。本书的编写旨在为科学教育研究者、一线教师及课程开发者提供系统的理论框架和实践指导，以深入理解科学教育的本质、课程标准的内涵以及教材的设计与应用。本书结合国内外科学教育的发展趋势，立足于中国科学教育的实际需求，力图为读者提供全面、深入的分析与指导。

　　本书的编写基于作者团队多年在科学教育领域的研究与实践经验，结合国内外最新的科学教育理论和课程标准，旨在回应以下几个核心问题：科学教育的历史发展与课程价值如何体现？科学课程标准的理念与目标如何指导教学实践？如何通过教材分析与活动设计提升科学教育的质量？如何通过研究推动科学课程与教材的持续改进？本书的目标是通过理论与实践相结合的方式，帮助读者深入理解科学教育的核心问题，并为科学课程的设计、实施与评价提供切实可行的建议。

　　本书共分为六章，每章围绕科学教育的不同维度展开。第一章从科学教育的历史、理论基础和国际比较视角出发，系统阐述了科学教育的重要性及其课程价值，并重点分析了中国科学教育的发展现状与课程体系。第二章聚焦于小学科学课程标准与义务教育科学课程标准，详细解读了 2017 年版《义务教育小学科学课程标准》和《义务教育科学课程标准（2022 年版）》的理念、目标与内容，并探讨了课程标准对教学实践的指引作用。第三章以小学科学教材为研究对象，通过对教材目标、内容与专题的分析，揭示了教材设计的逻辑与特点，并以湖南科学技术出版社出版（以下简称"湘科版"）的小学科学教材为例进行了深入剖析。第四章介绍了内容分析及其在课程标准与教材研究中的应用，提供了中美科学课程标准与考试题目的对比分析，为读者提供了研究科学教育的工具与方法。第五章通过丰富的案例展示了基于课程标准与教材的小学科学活动设计，涵盖课堂内外的科学活动以及科技场馆与虚拟空间的整合活动，为教师提供了实践参考。第六章总结了小学科学课程标准与教材研究的意义和方法，探讨了本土研究与对比研究的价值，为未来科学教育研究提供了方向。

在阅读本书时，读者需注意以下几点：首先，本书既注重理论阐述，也强调实践应用。读者在理解科学教育理论的同时，应结合自身的教学实践进行思考与创新。其次，本书在分析科学教育问题时，既借鉴了国际经验，又立足于中国科学教育的实际需求，读者需在全球化与本土化之间找到平衡点。最后，科学教育是一个不断发展的领域，课程标准与教材也会随着时代的变化而更新。读者在参考本书内容时，需关注最新的政策与实践动态。

希望本书能够为科学教育的研究者与实践者提供有益的参考，共同推动科学教育的高质量发展。由于编者水平有限，书中难免存在疏漏与不足，恳请读者批评指正。

作　者

2025 年 5 月

目　　录

第一章

科学教育与科学课程

学习目标

1. 了解科学教育的历史及其课程价值。
2. 理解哲学与心理学是科学教育的理论基础。
3. 深刻理解并复述科学教育的核心目标。
4. 了解中国、美国、英国和日本科学教育及其课程的发展与现状。

知识导图

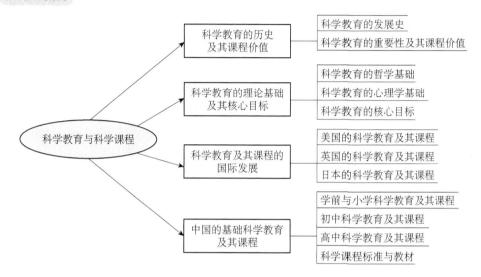

　　科学教育对于习惯了物理、化学、生物等学科分科教学的我们来说，不是一个熟悉的概念，容易被混淆为教育科学。因此，在讨论科学课程标准与科学教材之前，梳理清楚科学教育的历史与发展、科学课程的理论与意义，以及主要发达国家和地区科学教育的现状，对于正确理解什么是科学教育，以及它与我们当前的课程设置和学科教学有什么样的联系等基本问题非常重要。

第一节　科学教育的历史及其课程价值

　　科学有着悠久的历史，并在现代社会发展中发挥着至关重要的作用。科学教育伴随着科学学科化渐成体系，并日益走向成熟。了解科学教育的发展史、重要性及其课程价值，对于全面认识科学教育在当前个人和社会发展中的功能与作用具有重要意义。本节梳理了科学教育的历史发展脉络，讲述了现代科学教育的产生过程，并以美国四次科学教育改革浪潮为例解析了科学教育的发展，阐明了科学教育的重要性以及科学课程的地位和价值。

一、科学教育的发展史

科学教育至今历经百余年的发展，对科学教育的溯源离不开对科学史的探寻，科学的产生可以追溯到古希腊时期哲学家对自然现象的观察和实验。但直至文艺复兴时期，才涌现出一批打破中世纪教会枷锁的学者，他们推动了科学的快速发展。例如，1543 年哥白尼（Mikołaj Kopernik）《天体运行论》（*De Revolutionibus Orbium Coelestium*）的出版，标志着近代科学开始走上独立发展的道路（Engels，1925）。与此同时，许多学院或大学在这个时期建立，如马丁路德·哈勒维滕贝格大学、马尔堡大学、耶拿大学等，起到了培养精英科学家的重要作用。随后，17～18 世纪的启蒙运动推动了科学教育的发展。这一时期的思想家强调理性思维和实证主义的重要性，提倡通过科学方法来研究自然现象，也开始注重科学知识的普及，科学知识开始向更广泛的社会群体传播。例如，法国启蒙思想家德尼·狄德罗（Denis Diderot）等主编的《百科全书》是一部集科学、哲学、文学等多个领域知识于一体的巨著，它的出版使得科学知识得以普及，对科学教育的发展起到了重要的推动作用。

始于 18 世纪的工业革命推动了科学技术的发展和社会的变革。以英国为例，工业革命带动了纺织业、采矿业等领域的迅猛发展，行业的发展需要大量不同层次的专业人才投入这些领域，这推动了科学教育的蓬勃发展。19 世纪初，英国政府开始采取一系列政策推动科学教育的发展。例如，1870 年的《小学教育法案》（Elementary Education Act 1870）使科学教育开始正式进入学校教育体系，成为独立的学科。1918 年通过的《费舍教育法》（Fisher Education Act）要求在英格兰和威尔士建立科学学校，以提高未来劳动力的科学和技术能力。

美国在 20 世纪初开始推动科学教育的普及，成立了科学教育研究机构，并制定了科学教育的教学标准。美国科学促进会（American Association for the Advancement of Science，AAAS）自 20 世纪 20 年代起，关注科学教育改革，并为教师提供科学教育培训。1950 年成立的美国国家科学基金会（National Science Foundation，NSF）不仅为自然科学研究提供经费，同时也为科学教育提供大量的资金支持。1967 年由美国科学促进会开始运行的美国科学教育委员会（Commission on Science Education，CSE）提出了一系列科学教育改革的建议，包括提高教师的科学素养、改进教材和实验室设施等。第二次世界大战结束后，美国的科学教育先后经历了四次重大改革。

（一）美国第一次科学教育改革

1957 年，苏联成功发射了人造卫星"斯普特尼克 1 号"，震惊美国朝野。为了提高国家竞争力，美国政府开始投入大量资源，改革科学教育的内容和教学方法。一场应对科技挑战、培养卓越人才的教育改革于 20 世纪 50 年代末轰轰烈烈地开始了。这次改革中出现了一大批反映现代科学教学观点和要求的书籍，例如，劳伦斯科学馆于 1960 年编写的《科学课程改进学习》、美国科学促进会于 1961 年编写的《科学——一种过程方法》和教育发展中心编写的《小学科学学习》等。这场科学教育改革运动的成功之处在于更新和转变了教育观念，推进了中小学科学课程和教学内容的革新，创造了新的教学方法，提高了教师的专业知识水平，并在较小程度上提高了教师的教学技能。在美国科学教育改革的影响下，德国的瓦根舍因（M. Wagenschein）和克拉夫基（W. Klafki）创立了"范例式教学"，英国制订了纳菲尔德理科课程改革方案，日本把"理科教育现代化"的要求直接反映在初、高中教学大纲中，并开设了"理科教育现代化讲座"（熊焰，1998）。这次改革的不足之处在于以精英教育为导向，将科学教育的目标局限于培养科学家和工程师，导致课程内容过于高深，忽视了对基础知识和基本技能的教学，以及广大中低等程度学生的接受能力和心理需求，使相当比例的学生对科学学习失去了兴趣。与此同时，课程目标也是由包括科学家和教育学专家在内的专家制定的，教师处在边缘地位，只能进行机械的教学工作，消磨了教学热情。

20 世纪 70 年代，通过对此次科学教育改革的反思，人们意识到回归基础教育的重要性。彼时美国暴露出的一系列社会问题，如通货膨胀严重、失业率上升等，促使人们对教育提出了新的要求，即学生需要能够让他们适应社会的教育。1972 年，联合国教育、科学及文化组织（United Nations Educational, Scientific and Cultural Organization, UNESCO）发表了《学会生存——教育世界的今天和明天》的研究报告，提出了"终身教育"的思想。在这一思想的影响下，美国教育总署时任署长马兰（S. P. Marland）提出了"生计教育"的主张，强调普通教育要与职业教育相结合，开设了诸如农业和自然资源、通信和社会生活等短期课程。生计教育采用了许多新的教学方法，如程序教学法、个别指导教学等，这些都对科学教育的发展产生了影响。通过上述举措，美国培养了一批在阅读写作和计算机运用方面能力较强的学生。学校强化了纪律要求，减少了过多的选修课，使学生能专心学习重要的必修课。然而，也有人认为，过度简化的科学课程无法为学生将来进入大学深造做好准备，过度强调计算机等科学科目，贬低艺术和创造性，可能使美国教育培养出最平庸的一代人（熊士荣，2009）。

（二）美国第二次科学教育改革

1980年后，美国经济开始回升，信息技术的广泛应用标志着社会开始进入信息化时代。工业生产从以劳动密集型为主逐渐转向以知识密集型为主，这要求教育既要能提高劳动者的知识和技能，还要能提高个人综合素质。因此，第二次科学教育改革以培养民众的科学素质为核心。美国国家科学教师协会提出，科学教育的目标是：培养具有科学素质的公民，使他们理解科学技术与社会之间是如何相互影响的，并能将所学应用于日常决策中。加强科学技术和社会之间的联系，加强学科之间的融合，培养科学素质成为20世纪80年代科学教育改革的指导思想。有鉴于之前科学教育改革的弊端，此次改革强调基础，要求加强学校的基础教育和基本训练，并通过更严格的联邦和州教育监管，提高高中科学毕业要求，并采用标准化评价来监测学生的成绩。

在美国的影响下，其他国家也纷纷开展了教育改革。英国在20世纪80年代初相继颁布了《学校课程的框架》《学校课程》《社会中的科学教育》等课程改革计划。法国于1983年制定了高中教育改革方案——《面向21世纪的高中教学》，该方案提出加强科技教育、充实科技内容，尤其强调电子技术和计算机技术方面的课程，并注重职业技术教育。日本也于20世纪80年代中期兴起了第三次教育改革，着眼于教育制度、教学内容的多样化和灵活化，重视家庭和社会教育，尊重学生的个性发展。

（三）美国第三次科学教育改革

20世纪90年代以来，科技飞速发展，知识创新日新月异，科技竞争日趋激烈，美国也因此加大了科学教育改革的力度。第三次科学教育改革希望能够在关注天才学生的同时，也关注更多的普通学生。最具代表性的是《2061计划》《美国2000年：教育战略》《2000年目标：美国教育法》（杨彬，2006）。其中由美国科学促进会发布的《2061计划》是着眼于未来发展而制定的最雄心勃勃的跨世纪的科学教育改革计划，目的是在2061年哈雷彗星再次接近地球时，使美国人的科学素质在世界上具有一流水平。该计划再次强调培养科学素质的重要性，认为"普及科学基础知识包括科学、数学和技术已经成为美国教育的中心目标"，并提出了科学素质教育的五个准则建议和十二个科学素质教育的项目。

（四）美国第四次科学教育改革

随着第三次科技革命的不断深化，为了提升国家的科技与经济实力，美国的第四次科学教育改革将科学教育和经济竞争力联系起来，政府将权力下放到地区和学校，改革的实施几乎依靠当地的努力，同时扩大绩效问责制，对不符合标准的地区和学校进行惩罚。政府通过设立奖励和惩罚机制，鼓励学校和教师提高科学教育质量，同时对未达到标准的地区和学校进行监督与改进。此次改革将科学教育的目标从主张公平转向重新关注经济竞争力。美国通过这些措施来提高学生的科学成绩和素养，以应对日益激烈的经济竞争和科技发展的挑战。总的来说，科学教育的发展史与人类认识自然和探索科学的历程是息息相关的。从古代的观察和实验到现代的实践和创新，科学教育在推动社会进步和人类发展中发挥着重要的作用。科学教育的发展史见图 1-1。

二、科学教育的重要性及其课程价值

纵观科学与科学教育的发展史，科学的进步与科学教育的发展相辅相成。工业革命是科技的一次跨时代发展，而后科学教育被正式纳入学校教育体系，科学教育培养出来的大批专业人才，又反过来推动科技的进一步发展。随着社会经济和科技的发展，科学教育取代古典教育的主导地位是历史的必然（丁邦平，2000）。赫伯特·斯宾塞（Herbert Spencer）基于工业革命后教育和社会发展脱节的现象提出了一个问题：什么知识最有价值？（Spencer，1904）这也是当前教育情境中值得深思的问题之一。斯宾塞认为，直接和间接保全自己的知识、能够履行父母职责所需的知识、解释过去和现在的知识、合理调节行为的知识、艺术创作和欣赏的知识，都是科学（Fortune et al.，1993），都应该成为教育的一部分。斯宾塞的观点反映了科学教育的重要性，科学是生活方方面面都需要的知识。尽管如此，科学教育直到第二次世界大战后才开始受到广泛重视，各国陆续掀起了科学教育改革的浪潮。国际科技竞争的压力迫使各国重视科学人才的培养，美国最初的科学教育改革就是在苏联卫星发射的压力下产生的，为了培养顶尖的科学人才以提高国家的竞争力。之后，科学教育改革从关注天才教育逐渐演变为关注广大普通学生的教育，科学教育的目标也从关注知识转向关注素质的培养。科学教育对个人素质提升和个人能力发展的重要性是毋庸置疑的，体系化的学校科学教育是以科学课课程为载体的。除此之外，各种类型的科普活动也是科学教育的

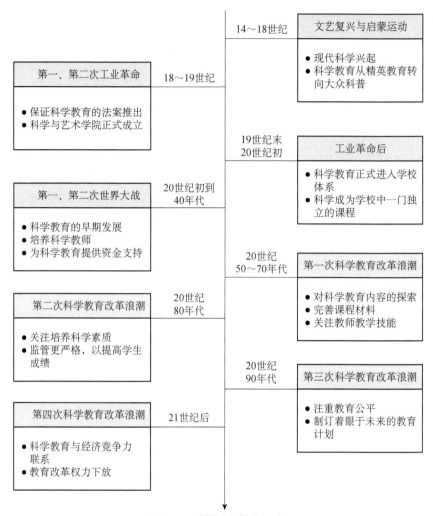

图 1-1　科学教育的发展史

重要组成部分，本书主要关注学校科学课程。新时代科学教育和科学课程的重要性表现在以下三个方面。

（一）提升个人科学素养与全民科学素养

2022 年 3 月发布的《教育部关于印发义务教育课程方案和课程标准（2022年版）的通知》，明确 2022 年秋季学期开始实施新课程标准。新课程标准规定，科学课程起设年级提前至一年级，并以提升学生的科学素养为主要目标。科学素养包括科学观念、科学思维、探究实践和态度责任。通过科学课程，学生可以了解科学的基本概念、原理和方法等，树立正确的科学观念；学会观察、实验、推理，提高逻辑思维和批判性思维等科学思维能力；也能够学会提出问题、寻找答案、进行实验和观察，培养探究实践能力。科学课程还可以培养学生的科学态度与责任，即对科学的热爱和追求，包括对真理的追求、对事实的尊重、对证据的重视和对合理解释的追求。科学教育要与人文精神相融合，而不仅是以科学知识为目标。美国《国家科学教育标准》将科学素养培养叙述为：了解和深谙进行个人决策、参与公民事务和文化事务、从事经济生产所需的科学概念和科学过程。近年来，英美等国对其各级科学教育的具体目标和内容都做出了改动，将科学概念由知识和方法的范畴，向价值观的范畴扩展（王辉，2012）。

科学普及同样与全民科学素质和科学文化水平的提高息息相关。2011年国务院办公厅颁布的《全民科学素质行动计划纲要实施方案（2011—2015年）》指出："目前我国公民科学素质水平与发达国家相比仍有较大差距，全民科学素质工作发展还不平衡，不能满足全面建设小康社会的需要和建设创新型国家的要求。"2021年发布的《全民科学素质行动规划纲要（2021—2035年）》提出，2025年我国公民具备科学素质的比例将超过15%，各地区、各人群科学素质发展不均衡将明显改善。"十四五"时期，我国将实施5项科学素质提升行动和5项重点工程，以促进公民科学素质提升。《全民科学素质行动规划纲要（2021—2035年）》指出，"科学素质是国民素质的重要组成部分，是社会文明进步的基础""提升科学素质，对于公民树立科学的世界观和方法论，对于增强国家自主创新能力和文化软实力、建设社会主义现代化强国，具有十分重要的意义"。2022年9月，中共中央办公厅、国务院办公厅发布《关于新时代进一步加强科学技术普及工作的意见》，该意见指出坚持把科学普及放在与科技创新同等重要的位置，强化基础教育和高等教育中的科普，把弘扬科学精神贯穿于教育全过程。全民科学素质的提升是当今社会关注的热点话题，想要达成这一目标，离不开科学普及和学校科学课程。

（二）培养科技人才与提升国家科技创新力和经济竞争力

早在1978年召开的全国科学大会上，邓小平就已明确提出"科学技术是生产力"，并指出"四个现代化，关键是科学技术的现代化"，强调"科学技术人才的培养，基础在教育""大力发展科学研究事业和科学教育事业"（邓小平，1994）。1999年颁布的《中共中央、国务院关于深化教育改革全面推进素质教育的决定》和2006年颁布的《全民科学素质行动计划纲要（2006—2010—2020年）》均指出：教育在综合国力的形成中处于基础地位。提高公民科学素质对于提高国家自主创新能力、建设创新型国家、实现经济社会全面协调可持续发展、构建社会主义和谐社会具有十分重要的意义。2022 年 10 月，党的二十大报告指出"要坚持教育优先发展、科技自立自强、人才引领驱动，加快建设教育强国、科技强国、人才强国""办好人民满意的教育""完善科技创新体系""加快实施创新驱动发展战略""深入实施人才强国战略""不断塑造发展新动能新优势"（习近平，2022）。

科学教育是科学技术发展的前提，科学课程和科学普及直接关系到高素质科技人才的培养。在这两者中，科学课程在培养科技人才方面起着更为关键的作用，进而对国家科技与经济发展产生深远影响。美国的第四次科学教育改革将科学教育和经济竞争力联系起来，科学技术的进步是推动经济发展和社会进步的重要动力，而科学教育是培养科技人才的关键环节，是科技进步的重要基石。科学教育推动科学技术进步是社会经济发展的必然要求，是提高综合国力的重要手段，是先进文化建设的重要方面，是消除愚昧的锐利武器，科学教育塑造的科学精神是激发民族精神和时代精神的现实需要（王萌和胡美，2012）。

（三）培养国际视野与促进全球可持续发展

科学是一种普遍的语言和方法，它跨越国界和文化差异，因此科学教育需要有国际视野。许多问题是全球性的，如气候变化、环境污染和传染病等。了解这些问题的本质和解决方法需要全球合作与共享知识。进入 21 世纪以来，可持续发展议题的兴起推动了教育发展模式的转变。可持续发展不仅仅关注资源、环境和生态问题，更涉及人类整体生存发展方式的问题。《联合国千年宣言》和《联合国可持续发展教育十年（2005—2014 年）国际实施计划》都高度重视教育与可持续发展之间的关系。教育，尤其是科学教育，不仅需要实现自身的可持续发展，还需要融入国家的可持续发展进程，并为整个可持续发展全局提供服务。在 21 世纪的新起点上，科学教育与可持续发展之间的关系尤为紧密，并且具有重要意义。

2019 年 10 月 17 日，来自联合国教育、科学及文化组织以及美、日、英等国的可持续发展科学教育专家与我国科学家在"科学素质促进：科学教育与可持续发展"专题论坛上，共同发布《面向可持续发展的科学教育倡议》。该倡议指出：要优化科学课程体系，将可持续发展理念和内容融入各学科和各阶段的课程体系中；协同教育资源，鼓励并引导社会各界研发合适的教育资源，从真实问题出发，兼顾全球问题、各国国情及地方特色；提升教学能力，帮助教师树立可持续发展的理念；创新教学实践，以可持续发展教育理念指导实践，组织论辩、探究等多种多样的科学教育活动；营造社会氛围，在各种环境提供可持续发展主题的科学教育活动，宣扬支撑可持续发展的价值观念与道德标准，提升公众可持续发展的意识，营造关注可持续发展的社会氛围（澎湃新闻，2019）。科学教育是培养人类智力和文明进步的重要途径，全体人类是一个命运共同体，科学教育有助于促进全球科学合作和共同发展。科学教育让越来越多的人认识到人类面临的全球性问题的严峻性，例如，气候变化、环境污染、能源危机等，也让更多的人能够关注这些问题并尝试提出解决方案。人们逐渐认识到保护生态环境的重要性，保护环境的意识不断提高，努力减少对地球资源的消耗和对环境的破坏，以实现地球资源的可持续利用。

第二节　科学教育的理论基础及其核心目标

科学教育的理论基础为教育实践提供了依据和方法指导，明确科学教育的目标有助于教育者在教学过程中保持方向性和一致性，确保教学活动始终围绕培养学生的科学素养展开。深入理解科学教育的理论基础和目标，对于提升教育质量和效果具有至关重要的意义。本节从科学教育的哲学基础和心理学基础出发，阐述科学教育的核心目标。

一、科学教育的哲学基础

不同哲学流派大都对科学教育的发展产生过重要的影响。了解科学教育的哲学基础对其理论和实践发展十分重要，它可以促使教育者审视不同的哲学观点和教育理念，思考当前的教育模式，提出改进和创新的方案，更好地应对科学教育的挑战，因而有必要对科学教育的哲学基础进行系统的分析和整理，以指导科学教育的持续发展。

（一）现象学与解释学

由德国哲学家胡塞尔（E. Husserl）创立的现象学是现代西方哲学最重要的哲学思潮之一。现象学是研究事物本质和意义的学科，它关注我们对世界的直接经验和意识活动。胡塞尔认为，人类意识活动的本质是主观的，并且我们对于外部世界的认知是通过我们的主观经验来实现的，人类对于事物意义的理解是通过我们对其直觉和感知来实现的。现象学强调理性的作用，认为我们对于世界的理解需要通过反思和解析来实现。解释学源于现象学，胡塞尔的学生海德格尔（M. Heidegger）开创了现代解释学，他认为存在者与世界之间存在一种紧密的联系，解释学就是要揭示这种联系的本质。他提出了"存在即解释"的观点，强调理解和解释是存在的基本特征。

解释学和现象学作为教育的哲学基础，强调理解和解释的过程，注重从参与者的角度来理解教育现象，探究教育活动的意义和目的，从而为教育改革提供更加客观和全面的依据。范梅南（M. Manen）提出现象学教育学的三个特点：关注平凡的日常生活经验，而不是深奥的认识论、本体论或形而上学的问题；倾向于规范性，而非坚持社会科学的价值中立；强调对具体经验的反思，而非理论的抽象。现象学研究有一种不言自明的共识，即要求兼具写作深刻文本的才能和反思性的学识（胡塞尔，1997）。王卓等（2022）通过扎根理论的方法，分析了师生互动中的具体叙事结构、话语特征以及生活史，阐释了我国典型导学互动模式的三种形式，即毕业驱动型、任务驱动型与成长驱动型。宋怡等（2017）关注了专家型教师视角下的化学学科核心素养的文献，通过对 5 位专家型化学教师的多重个案分析，阐释了化学学科核心素养的内涵，包括学会学习与终身学习、学会思考与科学精神、化学思维与学科逻辑、团队合作和沟通能力。基于培养核心素养的化学教学要求教师有爱心、爱学生；爱教师职业、知识渊博；勤于思考，能终身学习；言传身教，榜样示范等。

以上例子都是解释学与现象学在教育中的应用。教育具有实践性，同时也具有反思性。教育理论必须关注时代的教育实践，关注现实并对其进行反思，以引导现实教育的提升。这对于消除教育理论与教育实践之间的鸿沟，促使两者相结合，进而促进教育的改善和发展是有帮助的。

（二）实证主义与证伪主义

实证主义是 19 世纪末 20 世纪初在哲学和社会科学领域兴起的学派，法国哲学家奥古斯特·孔德（Auguste Comte）是实证主义的重要先驱者。孔德主张通过观察、实证和归纳的科学方法来获取知识。实证主义哲学强调科学知识相对论，即科学知识是基于人的观察的相对的知识，绝对的知识是不可能的。科学知识并非完全可知，人们应当信仰有确凿证据的知识。科学应该建立在可观察和可验证的事实基础之上，科学的方法应该是实证的。这强调通过观察、实验和经验验证来验证假设的可验证性，并强调观察和归纳是获取知识的主要来源，而非推理或纯粹理性思考。

实证主义哲学对教育产生了深远的影响。实证主义要求科学理论必须是可验证的，倾向于关注可观察到的事实和现象。但实证主义试图以直接的观察、经验来衡量和决定一切科学理论，这在一定程度上将科学的发展禁锢在人的经验领域。因此，20 世纪 60 年代产生了强调自由想象与直觉作用的反实证主义思潮。其中，波普尔（K. Popper）的证伪主义强调科学理论的可证伪性和科学推理的反证方法。波普尔认为，理论源自大胆的猜测，任何科学理论都是一种暂时性的假说、一种猜测。他批判了以前流行的实证主义观点，认为无法通过实证观察来证实或验证一个理论的真实性。相反，科学理论应该是暂时有效的，直到被新的证据推翻。科学理论应该经受住反证的考验，即能够面对来自实证观察的反例和反对意见，只有当一个理论能够经受住重重反证的考验，才能被视为有效的科学理论。在此基础上，波普尔认为科学只能在尝试和错误、猜测和反驳的过程中前进，但是永远也达不到真理，科学理论的发展是通过不断提出新的理论、进行实证观察和反证实验，并不断进行修正和改进的过程，科学的进步是通过不断推翻旧理论和构建新理论的反证过程来实现的。实证研究的背后就是实证主义（Popper，2002）。张宗芳等（2021）使用元分析，以 2000～2020 年我国科学课程教学模式的硕士/博士学位论文为对象，探究了非传统科学课程教学模式对学生科学成绩的影响。研究发现，项目式教学模式有助于促进学生能力发展和提高教学质量，并且教学模式对高中生科学成绩的影响大于其对初中生的影响，但对学生不同科学学科成绩的影响差异不大。邢聪慧等（2021）使用问卷调查法和访谈法调查了小学职前教师与小学在职语文教师的批判性思维倾向。研究发现，小学在职语文教师与小学职前教师的批判性思维倾向基本不存在差异，不同背景的职前教师与在职语文教师的批判性思维倾向也不存在差异，但小学在职语文教师的系统化能力显著高于小学职前教师。

以上实证研究的例子反映了实证主义在教育中的应用。在科学教育中，实证主义和证伪主义的观点为中小学科学教育提出了非常有价值的改革思路。科学教育应当鼓励学生从事大量的观察和实践，以客观、精确的标准来衡量科学知识的价值。科学精神也是我国科学教育改革中需要注意和培养的精神，学校教育不应一味崇尚科学知识、书本知识，更要关注培养学生的批判和质疑精神，发展创造性思维已经成为中小学科学教育改革的主要目标。

（三）实用主义

19 世纪 70～80 年代，美国哲学家和逻辑学家皮尔士（C. S. Peirce）提出了实用主义。他强调真理的实用性，即真理应该能够在实际生活中产生实际效果和实际应用。只有通过实际经验和实际效果的验证，科学才能真正发展和进步。美国哲学家威廉·詹姆斯（William James）将实用主义哲学进一步系统化，他在《"意识"存在吗？》一文中提出了"纯粹经验"理论，认为世界上的一切事物和它们的各种关系都是由"纯粹经验"构成的。"纯粹经验"是指我们在感知和体验中直接获得的事物，是我们在每个瞬间直接感受到的，它是即刻的、直观的，没有经过任何思考或分析的加工。他强调"纯粹经验"是个体与世界之间的直接联系，是个体与外部事物相互作用的结果，与个体的主观解释或理解无关，它是我们最基本、最直接的知觉体验。詹姆斯认为，世界是经验的结构，对世界的认识就是对经验的认识，这呼应了约翰·杜威（John Dewey）提出的"教育是对经验的改造"的论断。在对真理的解释中，詹姆斯强调真理必须是有用和可行的，即它在实践中能够产生有益的结果。他认为真理是观念或经验本身之间的一种联系，不管它是否正确地反映了客观实在，只要它能为你工作，给你带来有用的效果，它就是真的，就可以称这种起作用的观念为真理，这样的真理就是有用和成功的。因此，真理是个体化的，每个人都可以根据自己的背景、经验和价值观来判断真理。杜威提出"效用是衡量一个观念或真理的尺度"，但他认为真理的"有用"不只包括对个人的作用，也有着公众和客观的意义，如何使科学有利于全人类的发展，也是实用主义考虑的问题。

詹姆斯对实用主义方法的概括是"不讲原则，只讲效果"，基于此诞生了思维五步法及其对应的教学方法，即情景暗示、提出问题、构成假设、证明或驳斥假设、自己去发现知识并解决问题。实用主义充分弘扬了科学知识对促进人类社会发展的实用价值和工具价值，这种注重知识的有效性、崇尚经验、强调行动、追求效果的哲学在教育历史上起到了积极的作用。例如，美国在 1918 年《中等教育的基本原则》报告中指出，教育的目的是让青年学生成为有用的社会成员，使其过上"一种圆满的、有价值的生活"。实用主义的观点要求学生通过解决实际问题来应用科学知识，强调知识和行动的实用性与效果，鼓励学生将科学知识与实际应用相结合，使学生更好地应对现实生活的需求，并为未来的职业发展做好准备。实用主义哲学非常重视学生个人潜能的发展，这要求教育要注重个体学生的兴趣、需求和能力，提供个性化的学习体验和指导，帮助学生发展其潜能和优势。教育改革应该兼顾社会与个人的需求，树立社会本位和个人本位相协调的科学教育观，正确的科学课程和教学目标应该体现社会要求与学生个体需要的统一。此外，实用主义的科学工具论主张，科学本无价值，它的价值在于人们如何去使用它。教育的目标不应仅仅停留在知识和技能层面，还应该扩展到态度和价值观的领域。

在教育研究中，实用主义指导了混合研究的应用与发展。张哲等（2018）采用混合研究，探究了教师信息技术应用行为影响因素模型，作者首先基于相关理论模型开展了质性研究，构建了教师信息技术应用行为影响因素的理论模型，然后通过量化实证研究进行了模型探索与检验，发现群体影响、绩效预期、便利条件、教学具体内容以及已有技术应用体验都能够在不同程度上影响教师在教学中应用信息技术，其中群体影响、应用意向和态度对应用行为具有较高的影响力。田俊等（2023）采用了类似的混合研究方法，探究了中小学教师在线教学胜任力模型及其应用。作者首先通过对 25 名中小学教师在线教学实践经历的行为事件进行分析与阐释，构建了中小学教师在线教学胜任力初始模型，然后基于对 23 个区（县）4378 位一线中小学教师的问卷调查，通过因子分析、拟合度分析和权重分析等对模型进行了验证和完善，形成了包含知识特征、技术特征、教学特征、管理特征、成就特征和个人特质共 6 个核心类属和 29 个特征项的中小学教师在线教学胜任力模型。

现象学和解释学关注事物本质与意义的探究。实证主义追求对现象的客观描述和解释，以构建普遍适用的科学规律，注重经验和观察的数据，以验证和确认科学理论的真实性。证伪主义强调科学理论的可靠性和可疑性，以通过对理论的反证来推动科学的进步。实用主义关注科学理论的有用性和可操作性，追求对实际问题的解决方案，关注科学知识对个体和社会的实际价值与意义。它们从不同角度启示并指导了教育的发展方向。在科学教育的发展和改革过程中，需要立足实际情况，兼顾多种哲学理论，以更加平衡的视角来开展教育实践。

二、科学教育的心理学基础

心理学理论在教育发展过程中占据着十分重要的地位，支撑着教育，包括科学教育的心理学理论主要有行为主义、建构主义和社会建构主义。

（一）行为主义

行为主义产生于 20 世纪初的美国，代表人物是华生（J. B. Watson）和斯金纳（B. F. Skinner）。华生在 1913 年发表的《行为主义者眼中的心理学》一文中提出了行为主义的基本原则，奠定了行为主义的基础。华生强调，心理学应该关注可观察的行为，而不是内心的思维过程，即行为的可观察性。斯金纳提出了

"操作条件反射"和"强化"等概念，强调环境对行为的塑造作用，认为行为是通过刺激和反应之间的关联来形成的。行为主义用公式"刺激—反应"来解释人的行为，心理学的任务就在于发现刺激与反应之间的规律性联系，这样就能根据刺激而推知反应，反过来又可通过反应推知刺激，从而达到预测和控制行为的目的，如通过强化和惩罚来塑造与改变行为。行为主义还强调学习对行为的塑造作用，经典条件作用和操作条件反射等概念强调学习是通过刺激和反应之间的关联来形成的。班杜拉（A. Bandura）在 20 世纪 60 年代提出了社会学习理论，个体可以通过观察他人的行为及其后果来学习新的行为，并在适当的情境中模仿这些行为，人类是通过观察和模仿他人来学习的。

20 世纪上半叶，行为主义心理学在教育理论与实践中占据主流地位。行为主义要求教育者对学习者的行为进行不断强化从而让学习者建立起"刺激—反应"的联结，强调知识的客观性，知识是独立存在于学习者之外、与学习者自身的心理过程无关的。因此，行为主义指导下的教育重视教师的主导作用和教师主动性的发挥，教育过程中教育者的目标就是以强化的方式传递客观世界的知识，使学习者外在的行为发生变化。在这一过程中学习者达到教育者所要求的目标，产生预期中的行为。行为主义指导的教育理论也影响着科学教育，科学教育中关注科学知识的传授和学生科学方法的培养，这都是学习者可以外显的行为。

我国的科学教育在很长一段时间中都强调科学基础知识和科学基本技能的掌握，教育过程中强调教师的讲授、重复，通过大量的练习对科学知识进行强化，并利用奖惩机制来激励学生积极参与学习。这种方法忽视了教学过程中学生心理过程的变化和学习主体自身对问题的理解与固有的逻辑能力，导致学生的主体地位无法得到保证。同时，由于行为主义的课程观将科学知识视为既定不变的，这就阻碍了学生在科学研究过程中批判性思维和创新能力的发展。

（二）建构主义

20 世纪 50 年代末，行为主义心理学的弊端渐渐显露，心理学界开始关注对主体的研究。20 世纪 80 年代，建构主义思潮涌现。建构主义是一种关于知识和学习的理论与哲学框架，主张知识不是被动接受的，而是通过个体在与环境交互中主动建构的。建构主义认为，个体通过经验、感知和认知过程主动构建知识，而非简单地从外界获得，个体的先前知识和经验对新知识的建构起着决定性作用，社会文化背景及社会互动对知识的建构也有重要影响，学习是一个积极的解决问题和理解复杂概念的过程。皮亚杰（J. Piaget）在 1970 年发表了《发生认识论原理》，他反对行为主义心理学的"刺激—反应"理论，提出同化和顺应的概念。同化和顺应是认知发展过程中两个互相作用的方面。在认知发展的早期阶段，同化是主导力量，即个体主要通过将外部信息与已有的认知框架相匹配来理解世界。随着时间的推移，当遇到无法同化的新信息和情境时，个体将开始顺应，调整自己的认知结构以适应新的情况。通过不断同化和顺应，个体的认知能力得到发展和提升。

同化和顺应的基础是个体的先验知识，即原有的知识基础，如果教学没有让学生在原有的知识基础上进行学习，就很可能导致学生依旧持有某些迷思概念。迷思概念是学生头脑中存在的与科学概念不一致的认识。万德西（J. H. Wandersee）等（Wandersee et al., 1994）通过分析近20年来的有关文献，发现要使学生对迷思概念产生意义性的转变，必须要植根于学生的生活经验。针对迷思概念，出现了一系列基于建构主义的概念教学模型。例如，认知冲突过程模式将概念转变分为初步阶段、冲突阶段、解决阶段，并据此提出"探测认知结构，了解迷思概念；引发认知冲突，解构迷思概念；解决认知冲突，建构科学概念"的过程模式。诺瓦克（J. Novak）提出了概念转变的三步教学模式：探查学生已有迷思概念，引进和迷思概念冲突的新概念，鼓励学生对新概念进行评论。也有学者提出了四步教学模式，即学生描述他们的理解和认识，重新建构理解和认识，应用新的理解和认识，将新的理解和认识与以前的理解和认识做比较（何辉，2006）。

建构主义思想对教育产生了深远的影响。建构主义强调学生的主体地位，鼓励学生主动参与学习过程，发挥他们的好奇心和探索欲望，主张教学过程要从学生原有的认知基础出发，注重学生自身对知识的理解和建构。建构主义认为，学生先前的知识和观念对理解与接受新知识起着重要作用。因此，在教育中，教师应该了解学生先前的知识结构，并与之对话，帮助学生将新的科学概念与他们已有的知识联系起来，促进知识的建构。在科学教育的课堂教学上，教学不应被看作是消极的科学知识、事实的传递，而是要求个体积极主动地建构知识的过程。

（三）社会建构主义

皮亚杰的建构主义理论主要关注个体对知识的建构，这容易造成知识的个人主义和相对性，于是社会建构主义开始得到越来越多的关注。最早为建构主义注入社会视角的是苏联心理学家维果茨基（L. S. Vygotsky），他认为，社会和文化环境对个体的发展起着至关重要的作用，人类认知的形成和发展是通过与他人的交互和社会经验的共享而实现的。维果茨基将人类发展分为自然层面和文化层面。自然层面指个体天生具备的能力和潜在发展水平，而文化层面则是通过社会和文化的传承与交流而获得的。文化媒介是个体与外部世界进行交互和思考的桥梁。语言是最重要的文化媒介，它不仅用于沟通，还在认知发展中起着重要的作用。通过使用语言，个体能够参与社会对话和思考，从而建立复杂的认知结构。维果茨基强调社会和文化环境对个体认知发展的重要性，个体的思维和认知是在社会交往和文化参与的背景下发展的。维果茨基还提出了最近发展区的概念，该理论认为，学生的发展有两种水平：一种是学生的现有水平，指独立活动时所能达到的解决问题的水平；另一种是学生通过教学和合作能够达到的发展水平，也就是学生的学习潜力。两者之间的差异就是最近发展区。维果茨基认为，学习和发展的过程不应限制在个体已经掌握的知识和技能上，而是应该引导学生进入他们的最近发展区，即他们能够在有协助的情况下解决问题并获得新的认知能力的范围。这意味着教师需要根据学生的水平和潜力，提供适当的支持和引导，以推动学生的发展。这一理论也指导了支架式教学的发展，支架是指教师提供的支持和指导，以促使学生成功地完成具有挑战性的任务。在支架式教学中，教师需要了解学生的当前水平和潜力，以便提供适当的任务和教学方法。任务既不能太容易以至于学生没有学习的动力，也不能太难以至于学生感到无助。支架式教学鼓励学生与他人合作和进行对话。学生可以从与有经验的同伴的互动中获得新的认知模式和策略。这也要求主体在知识建构过程中共同合作，避免个人建构主义中知识相对主义的倾向。根据社会建构主义理论的指导，教育应当提供具有意义和相关性的学习环境，鼓励学生通过合作、对话和参与来建构知识。社会建构主义还强调学习的社会性和文化背景的影响，倡导教师和同伴之间的合作与互助，以促进学生的主动学习和发展。社会建构主义强调情境性和整体性，注重科学知识的社会文化背景，这就要求科学教育实行综合课程，扩充科学课程的内容，把科学史、科学哲学、科学社会学等方面的知识纳入科学课程中。

综上所述，行为主义、建构主义和社会建构主义对教育产生了不同的影响。科学教育发展初期重视基础科学知识的普及，这一时期的教学受到行为主义的影响较大，强调教师主导的知识教学。而后来行为主义的科学教育渐渐不适应时代发展的要求，其指导的科学教育改革也没有达到预期的效果。因此，建构主义开始渐渐取代行为主义，指导科学教育改革。建构主义早期建立在个人解释和理解的基础上，但个人建构主义容易造成个体知识建构结果的单一化，造成科学知识绝对的相对性，因此之后社会建构主义的观点在科学教育中得到了越来越多的关注。社会建构主义避免了个人建构主义在科学教育上的弊端，关注知识建构的社会环境，强调学生在相互的交往过程中建构知识，并在一种社会交往的背景或文化下发展对科学现象的共同理解。

三、科学教育的核心目标

培养学生核心素养是当今全球范围内关于教育的热点话题，各国对核心素养的内涵不断进行改进和完善。核心素养的关注重点逐渐从教育内容转向学生发展，这也影响着我国各学科课程标准的修订，包括义务教育科学课程标准。《义务教育科学课程标准（2022 年版）》的改变就体现在从注重学生知识积累到强调学科核心素养发展上（杨晓梦，2023）。《义务教育科学课程标准（2022 年版）》中科学核心素养包括科学观念、科学思维、科学态度与责任、科学探究实践四个维度。以下将从这四个维度讨论与科学核心素养相关的框架。

（一）科学观念

《义务教育科学课程标准（2022 年版）》要求通过物质科学、生命科学、地球与宇宙科学、技术与工程等领域知识的学习，引导学生形成基本的科学观念。科学观念的建立和科学知识与内容的安排是密不可分的（张懿等，2022）。学科核心概念和跨学科概念都与科学观念密切相关。学科核心概念是一组相互联系、形成体系的重要概念，包括重要概念、原理、理论的阐释。《义务教育科学课程标准（2022 年版）》规定了科学课程的 13 个学科核心概念，基于对核心概念的学习，学生还需要理解物质与能量、结构与功能、系统与模型、稳定与变化 4 个跨学科概念。学生通过对《义务教育科学课程标准（2022 年版）》规定的 4 个跨学科概念的了解，可以认识到物质与能量之间相互依存、密不可分的关系，明确物体或生物的形成方式及其子结构的性质和功用，能够用系统的思维看世界，知道世间万物都处于普遍联系当中，也能认识到系统所具有的稳定与变化是相辅相成的。朱玉军（2023）在探讨科学教育的基本原理时，提出实现科学教育终极目的的具体目标之一就是要求学生理解科学观念，既包括科学的观念，还包括有关科学的观念。叶宝生和董鑫（2023）强调，科学观念是科学课程本质属性的集中体现，是科学思维、探究实践、态度责任的基础。科学观念是具体的自然观，是对具体科学知识的概括，要在具体科学知识的学习中体会和理解。学生在构建科学观念的过程中，会认识到人与自然的关系、科学与技术的关系以及科学技术与社会和环境的关系。也有研究发现，自制教具能够在一定程度上推动小学生科学观念的形成（刘媛媛，2023）。科学教育应当慎重选择一些重要的科学观念，基于跨学科核心概念的视角，用合适的方法帮助学生建立一个完整而科学的对世界的认知，为以后的知识构建提供一个良好的基础。

科学本质观也是科学观念的一个重要组成部分，科学教育改革中关注和倡导科学本质的培养。对何为科学、科学如何产生以及科学是如何与人的生活相关联等一系列问题的回答就是科学本质。在理解科学本质的概念时，可以将科学的认识论等同于科学是一种认识或思考的方式，换言之就是科学知识的本质，以及促进科学知识发展的内在价值观与信念，这些也是科学探索及科学事业的本质（Lederman，1992）。因此，可以将科学本质划分为科学知识的本质、科学探索的本质和科学事业的本质。

首先，科学知识的本质基于认识性，世界是可以被认知的，但永远无法被完全知道。科学家通过观察世界来揭示隐藏在自然现象背后的科学知识，科学知识的产生和发展是人类对自然界认识的结果，是人类对自然规律的理性反映。其次，科学知识存在相对性，科学知识的正确性是相对于特定的时间、空间和社会背景而言的。科学知识是在特定历史时期和特定社会环境下产生与发展的，是暂时的、可修正的，随着时间的推移和社会的变迁而不断演变与更新，旧的科学知识会被新的知识所取代。最后，科学知识有局限性，科学知识是通过有限的观察和实验来获取的，因此受到概念界限、方法界限和目标界限的限制。科学探索具有实证性，它是通过实证方法来获取和验证知识的过程，实证性意味着科学探索是基于实际观察和实验的结果，而不是基于主观臆断或信仰，科学论证中的一种解释可以通过多个证据的支持来增强。科学探索需要科学家具备创造性思维和创新能力，根据观察和理论提出新的假说。创造性是科学探索的驱动力，它促使科学家不断尝试新的方法和思路，打破常规，解决非机械式的问题。与此同时，科学事业需要遵循科学研究中被普遍接受的道德规范。科学在发展中会不断挑战人类道德与伦理的底线，但科学家应该保持诚实、透明和可靠的研究行为，不伪造数据或篡改结果，尊重知识的真实性和客观性，遵循学术规范和伦理准则。科学的发展和应用对社会的发展与进步起着重要作用，科学给人类带来了福音，科学的成果可以改善人们的生活质量，推动社会的经济发展和文化进步，但也产生了诸如环境恶化等一系列不良后果。科学事业的发展需要多方面考虑。

对科学本质教育的相关研究也一直在推进中，汤志浩和李帅（2023）从物理学史、物理实验、物理现象三个方面出发，开发科学本质教育的教学资源及资源呈现方式，得出促进科学本质教育的三条途径：渗透物理学史、深化物理实验、剖析物理现象。包春莹（2021）通过研究包含科学本质内涵的教材内容，提出教师可以通过科学史、科学探究及实践活动、社会性科学议题、科学写作等策略来实施科学本质教育。关于科学本质的研究不仅体现在理论中，也体现在教育的实践研究中。

（二）科学思维

科学思维是从科学的视角对客观事物的本质属性、内在规律及相互关系的认识方式，主要包括模型建构、推理论证、创新思维等（中华人民共和国教育部，2022）。科学模型的建立过程可以看作科学探究的过程，经历了从提出问题、作出假设，到制订计划、搜集证据以及处理信息和得出结论，最后到表达交流与反思评价。为了对学生的科学建模能力进行描述，许多学者试图建构科学建模能力模型以系统地刻画学生在建模过程中的能力表现（翟小铭和郭玉英，2015）。例如，关注建模过程的外显表现，将这些表现进行横向和纵向的分类，以试图将建模能力具体化为各种可供操纵的要素并建构系统的要素模型；将整个建模能力放到一个任务过程中，依据建模过程来建构的过程模型；还有反映不同能力水平学生的差异，兼顾能力发展维度和水平进阶变化的水平模型。当今国际科学教育有关建模活动的研究主要围绕以下四大主题（何美和裴新宁，2009）。①关于科学教学中建模活动必要性与合理性的研究：模型不仅帮助学生去思考，还帮助指导者评估学生的思考；②关于在科学教学中引入建模活动的方式研究：代表性的成果是温德比尔特大学的李尔与沙伯（Lehrer and Schauble，2006）提出的科学教学中的四种类比映射，即物理微缩、"镌刻"、句法模型和涌现模型；③关于科学教学中建模活动过程的研究：基于思维模型与专家建模活动的研究结论，探索适合科学学习的建模活动过程，并采用认知科学的分析方法考查对概念转变的影响；④关于建模活动学习环境的研究：该环境的特征主要有支持逼真的问题探究，循环建模活动，提供合适恰当的支架和支持对话与协作。

科学思维中的推理论证体现在基于证据与逻辑，运用分析与综合、比较与分类、归纳与演绎等思维方法，建立证据与解释之间的关系并提出合理见解。关于论证的教学策略研究有很多，如殷俊才（2023）基于图尔敏论证模式，在培养科学思维的研究中，引导学生从科学家视角分析论证主张、提出假说，从实验现象和补充资料中寻找论证依据，不断完善主张，加深对科学知识的理解，发展科学思维。图尔敏论证模式是科学论证的教学模型之一，其提出了科学论证的六要素，即资料、主张、根据、限定、反驳与支援。除此之外，还有将科学论证与探究过程结合的论证探究式教学模型，该模型主要分为提出探究问题、搜集数据、建构论据、分享解释、质疑反驳、撰写报告、双盲评议和修改完善8个环节。科学写作教学模型则是一种启发学生积极思考的论证教学模式，包括促进实验室学习的教师活动设计模型和辅助学生思考的模型两个系统。批判反思教学模型则旨在整合以上教学模型的优势，该模型包括四个阶段：呈现阶段需要学生构建自己的理解并基于资料论证自己的观点，批判阶段主要是学生之间的意见反馈，反思阶段需要学生重新分析原始论证来确保证据的准确性或充分性，最后提炼阶段要求学生在之前阶段的基础上修正初始提出的主张。对学生推理论证能力的培养可以促进学生科学概念的转变，德·弗里斯等（de Vries et al.，2002）指出解释和论证是表达概念理解的有效途径。除此之外，将论证思维融入科学教育还可以促进科学探究的深入开展，深化学生对科学本质的认识（潘瑶珍，2013）。

创新思维体现在从不同角度分析、思考问题，提出新颖而有价值的观点和解决问题的方法。陈丽清（2023）指出，在小学科学教育中培养学生的创新思维是非常必要的。在小学教学期间，学生的创新思维具有较强的可塑性，学生充满好奇心与想象力，拥有非常强烈的探索欲望。与其他学科学习相比，科学学科的综合性特征以及内容的多元化特征，为培养学生创新思维提供了坚实的保障。科学学习凸显学生的主体地位，以探究为主，能够培养学生质疑、反思、创造等能力，锻炼学生的思维能力。王玫（2023）指出，目前小学科学的教学中，依然存在教师思维单一，不了解创新思维，阻碍了学生创新思维能力的进一步发展，导致学生思维固化的问题。她据此提出了在科学课中培养学生创新思维的几个策略：①重视学生主观意愿的激发，教师为学生创设开放活跃的教学情境，让学生主动思考；②科学设置课程内容，培养学生的自主创新能力，如在实验教学中教师放手设计工作，让学生群体能够自行完成实验流程；③鼓励学生动手操作，明确学生的主体地位，教师需要从学生的视角着眼分析问题，给予学生充足的思考时间和创新机会。

（三）科学态度与责任

科学态度与责任是指在认识科学本质和了解科学、技术、社会、环境之间关系的基础上形成的探索自然的内在动力，严谨认真、实事求是和持之以恒的品质，热爱自然、保护环境、遵守科学伦理的自觉行为，以及推动可持续发展和实现中华民族伟大复兴的使命担当。科学态度既指学生用科学的方法去探究科学知识的态度，包括严谨认真、好奇心与创造性、批判性与求知欲、持之以恒等品质；又指学生对科学观念的看法，即对科学本身的态度。核心素养中则强调了

"社会责任"。林崇德（2017）将社会责任的主要表现描述为：自尊自律，文明礼貌，诚信友善，宽和待人；孝亲敬长，有感恩之心；热心公益和志愿服务，敬业奉献，具有团队意识和互助精神；能主动作为，履职尽责，对自我和他人负责；能明辨是非，具有规则与法治意识，积极履行公民义务，理性行使公民权利；崇尚自由平等，能维护社会公平正义；热爱并尊重自然，具有绿色生活方式和可持续发展理念及行动等。关注社会，拥有一定的社会责任感也是科学态度的一部分。基于科学态度与责任的培养，科学教育应该注重实践和探究，让学生通过做实验、观察、提出问题和解决问题的方式来学习科学知识，在实验中培养学生严谨认真的态度，培养他们的好奇心和创造性。同时在教学中也要注重讲解科学研究的伦理道德和社会责任，引导学生理解科学发展对社会和环境的影响，培养他们的社会责任感。

对科学态度与责任的研究主要集中在如何在教育教学中贯彻科学态度与责任的培养，目前的培养方式仍然有着教学理念陈旧、"虚假探究"等问题。"虚假探究"主要表现为"为探究而探究"，看似做了实验，学生却不知道整个实验的探究思路，实验只是在为了得到教材所给结论而走过场，学生的科学精神和科学态度难以在这样的"假实验"中得到培养。夏志东（2023）基于此提出了科学态度与责任的培养方法：①以物理学史为载体，辅助学生理解科学本质观；②以科学探究为平台，培养学生实事求是、严谨认真负责的科学态度；③以社会发展情境为背景，培养学生具有实现中华民族伟大复兴的社会责任感。韦新平（2023）提出了科学态度与责任的内容结构化设计策略，分别有以下几个模块：①模拟主题情景，促进知识关联结构化；②串联情境任务，导向认识思路结构化；③引导反思概括，促成核心观念结构化。雷月清（2022）提出小学高年级①科学学科"态度责任"核心素养的四个培养策略：①引入科学史，培养学生的科学态度；②善用榜样力量，助力态度责任教育；③结合 STSE②教育，激发社会责任意识；④开展生活实践活动，提升社会责任素养。

（四）科学探究实践

《义务教育科学课程标准（2022 年版）》总目标中要求学生形成科学探究的意识，理解科学探究是探索和了解自然、获得科学知识、解决科学问题的主要途径，形成科学探究能力、技术与工程实践能力和自主学习能力。科学探究能力体

---

① 小学低年级为 1～2 年级，中年级为 3～4 年级，高年级为 5～6 年级。
② STSE 是科学（science）、技术（technology）、社会（society）和环境（environment）对应英文的缩写。

现在：理解科学探究的一般过程和方法；提出科学问题，并针对科学问题进行合理猜想与假设；制订计划并搜集证据，分析证据并得出结论；对结果进行解释与评估；准确表达观点，反思探究过程与结果。技术与工程实践能力体现在：了解技术与工程实践的一般过程和方法，针对实际需要明确问题，提出有创意的方案，并根据科学原理或限制条件进行筛选；实施计划，利用工具和材料进行加工制作；根据实际效果进行修改迭代；用自制的简单装置及实物模型验证或展示某些原理、现象和设想。自主学习能力体现在：自主确定学习目标、选择学习策略、监控学习过程、反思学习过程与结果。教师要加强科学方法的教育，引导学生在探究过程中逐步建构、理解、掌握新知识，逐步发展学生的探究实践能力。吴志明（2013）利用论证式教学构建科学探究，将科学领域的论证引入课堂，强调推理、辩论与质疑，以此促进学生理解科学概念和科学本质，基本的教学环节为发现问题、引出论题、搜集证据、阐释观点、辩论主张和获得结论，促进学生主动构建科学概念，培养学生的批判性思维，推动科学探究的有效开展。董光顺和李志坚（2022）将科学探究素养回归到科学实践本质的国际视域下进行理解、探视和培育，并提出科学探究素养中存在获取证据、问题、解释和交流四个关键活动。肖化等（2021）以 STEM[①]教育理念为基础，构建了"创设现实问题情境—以情境为主线进行科学探究—教师补充相关物理知识—优化解决方案进行工程制作"的教学模式，旨在提升学生的科学探究水平，培养学生的问题解决能力。综上，为培养学生的科学探究能力，科学教育应当重视教学设计的流程，引导学生学会提出有关科学现象的问题，引导他们思考"为什么"和"怎么样"，引导学生收集和分析数据，培养他们的科学推理和逻辑思维能力，并鼓励学生批判性地思考科学问题。

尽管如此，当探究过程被分解成固定的步骤，提供给学习者来模仿学习时，整个过程僵化严重，学生只是仿照固定的步骤进行实验，而不去思考为什么要这样进行，探究的真实意图就被抹杀了。亟待扭转的探究模式化和教条化现状，以及需要深挖的课堂探究内涵，使科学探究到实践的转型由此形成（唐小为和丁邦平，2012）。这一转变关注的核心依旧是探究的真正意图，科学探究仍是科学教育实践的重要落脚点。

自主学习能力的培养也是科学教育需要关注的内容。安维民（2013）提出了自主学习能力的四个特征：①主体性：以学生为主体，以学生为中心，教师主要

---

① STEM 是科学（science）、技术（technology）、工程（engineering）和数学（mathematics）四个领域对应英文的缩写。

扮演辅导者、引导者的角色；②独立性：相对于常规学习来讲，自主学习更多是由学生个体或者是以学生群体为单位的整体来独立完成任务，凸显学生自己完成、自己解决问题的能力；③选择性：主要体现为学生自己的主观能动性，是学习者个体或者合作群体主动选择目标、内容、进度、资源和评价方式，由此获取学习结果的这样一种能动学习；④相对性：没有绝对的自主学习，这种学习方式都是和常规学习融合整合在一起的。张月松（2023）提出，在科学教学中，教师要确立正确的教育观念，运用各种方法来培养学生的自主性和自觉性，引导学生自主思考、积极参与探究实验，培养学生的独立学习能力、自主思维能力和自主创新能力。他据此提出了 8 条培养对策：①明确学生的主体性；②转变传统观念，激发学生的探究欲望；③自主学习能力的培养需要教师自身的教学能力作为基础，教师要增强自身的教学能力；④创设良好的教学情境，激发学生主动学习的兴趣；⑤运用任务驱动法，引导学生探究，通过创设情境，让学生在完成任务的过程中，经历知识建构的过程，促进学生自主探究能力和实践能力的发展；⑥构建激励机制，强化学生自主学习动力；⑦利用生活资源，加强实践活动锻炼；⑧开展丰富多彩的实践活动，让学生主动发现身边的科学。

第三节　科学教育及其课程的国际发展

科学教育及其课程的国际发展趋势展现了全球教育体系在应对科技进步和社会变革中的积极态度，各国在科学教育与课程方面不断进行改革与创新，以适应快速变化的世界和日益增长的知识需求。不同国家的科学课程相互借鉴和融合，推动了科学教育标准的提高和教育资源的共享。本节着眼于各国颁布的各类科学教育相关法案和条例，介绍了美国、英国和日本 3 个国家的科学教育及其课程。

一、美国的科学教育及其课程

有别于传统的物理或化学课程标准，1996 年美国国家研究理事会颁布了第一部科学课程标准之后，美国科学教师协会、美国科学促进会等机构也相继成为开展科学教育研究的参与者和支持者。2013 年颁布的《新一代科学教育标准》（Next Generation Science Standards，以下简称《标准》）是美国教育改革的标志性成果之一。《标准》一经推出就受到了美国全国各地的广泛关注，成为美国全境内从事科学教育的科学教师工作的指导性标准。

　　《标准》从学科核心概念、科学与工程学实践、跨学科概念 3 个维度对 K-12 年级（即幼儿园至十二年级）的科学教育目标进行整合。《标准》涉及四大科学学科领域，包括物质科学、生命科学、地球与空间科学、工程与技术的 13 个核心概念和 44 个次级核心概念。7 个跨学科概念分别为：①模型；②原因和结果；③尺度、比例和数量；④系统和系统模型；⑤能量和物质；⑥结构和功能；⑦系统稳定性和改变。科学与工程学实践强调了实践，尤其是工程学实践的地位，包括：①提出问题并定义问题；②开发和使用模型；③计划和实施调查；④分析和解释数据；⑤使用数学和计算的思维；⑥构建解释并设计解决方案；⑦参与基于证据的讨论；⑧获取、评估和交流信息。科学实践与工程实践的侧重点不同，科学实践侧重于从自然现象中发现问题，采取科学方法收集处理数据来形成模型或理论，并解决先前提出的问题。工程实践则侧重于解决实际生产中遇到的问题，方法和设计都是为了解决实际问题。《标准》将过去课程标准中强调的"探究"深化为"实践"，具有比之前更丰富的意义和更切实的落脚点。实践学习能提高学生学习的效率及对科学的兴趣，《标准》中的实践不仅仅是为了加强学生科学技能，也是为了能让学生对科学与工程的本质有更深的理解（熊国勇，2016）。在这 3 个维度内部，《标准》描述了学生在幼儿园至二年级、三年级至五年级、六年级至八年级、九年级至十二年级这 4 个学段应达到的相应水平，构建了各自完整的学习进阶，对这 3 个维度分别进行了纵向整合。美国国家研究理事会将学习进阶界定为"对孩子们在一个较大时间跨度内学习和研究某一主题时，所遵循的连贯的、逐渐深入的思维路径的描述"。学习进阶由进阶终点、进阶维度、多个相互关联的成就水平、各水平的预期表现、特定的评测工具 5 个要素组成，反映了学生学习过程和认知水平发展的过程，连贯一致、由浅入深、循序渐进的概念构成了进阶维度，呈现出了思维路径，形成了《标准》所构建的学习进阶。这为美国 K-12 一贯制的科学课程奠定了基础。

　　《标准》中还规定了科学本质所包含的 8 条内容：①科学调查使用多样方法；②科学知识基于经验证据；③科学知识接受新证据的修订；④用科学的模型、原理、机制和理论解释自然现象；⑤科学是认知的一种方式；⑥科学知识假定自然系统内的秩序与一致性；⑦科学是一种人类活动；⑧科学提出关于自然和物质世界的问题。2014 年美国国家研究理事会发布《新一代科学教育标准的评估》，旨在衡量《标准》设想的三维整合性学习，设计一个平衡、整合且连贯的评估系统。美国教育部也于 2015 年提出"更少更睿智的评估原则"，指出评估应是有效教学的一部分。该评估系统主要包含三部分：①内部评估，即课堂中的评估设计；②外部评估，监测导向的评估，指由州政府或学区实施的监控教学质量、教育问责、课程改革等一系列由外部机构主导的评估活动；③学习机会评估，评估指标包括4个维度，即学校教育项目的执行情况、师生调查、教师专业发展及学生课业记录，在此基础之上评估课程的安排是否合理、标准是否落实、学生是否公平享有充分的学习机会和资源。

《标准》所涉及的领域更加全面，要求也更加细化，教师完全可以根据所在州和地区的实际情况自主选择教学方式、顺序和路径，这也是美国科学课程的自主性体现之一。学校与教师可以选择不同的教材与教学内容。不过在态度方面，如兴趣、价值观、职业导向等，《标准》只是提出了它的重要性，没有说明学生应该获得怎样的关于情感特质的发展，也没有说明在科学课程与教学中要怎样渗透情感教育。《标准》还关注学生平等的学习机会，保证任何背景的学生能够平等地参与到正规或非正规教育的科学认识与实践活动中。《标准》通过全面提高课程覆盖面来为不同学生提供具有差异性的学习机会，其对3个维度的融合不仅为那些成绩优秀的天才学生提供更多样、更丰富的学习内容，同时这些增加的学习预期也因其多维性更适用于那些过去曾希望努力证明自己但仅仅在认知水平上存在缺憾的学生（邓阳和王后雄，2014）。《标准》在一定程度上反映了21世纪美国对人才的需求，指引着美国科学教育的未来发展方向。职业岗位对STEM人才的需求量越来越大，社会发展需要学校教育培养出更多能够胜任STEM职位的人才。美国联邦政府在2015年的财政预算中再次强调STEM是面向21世纪的重要素养，对STEM教育的预算较2014年提升了3.7%。《标准》力求科学与技术、工程、数学的融合，以适应社会对STEM人才的需求（杨文源等，2015）。

二、英国的科学教育及其课程

英国颁布的《1988年教育改革法》（Education Reform Act 1988），正式将科学列为国家核心课程，确立了科学教育在英国的关键地位。进入21世纪后，英国的科学教育侧重点逐步从传统的科学知识传授走向综合科学素养的培养，形成了较为完善的科学教育体系。2013年，英国颁布《国家课程：第一关键阶段和第二关键阶段框架》（National Curriculum in England：Key Stages 1 and 2 Framework Document）。该框架作为新一轮科学课程改革的纲领性文件和指南，为科学课程改革提供了理论依据与实施路径，其课程理念主要包括：科学教育具有全民性，任何学生都应该有机会接受科学教育，学习科学概念和方法，具备运用所学科学知识解决现实问题的能力；确定科学的核心课程地位，重视基础教育阶段的科学教育；按照儿童认知发展的规律将小学阶段科学教育分为 3 个学段，设置学段目标。2015 年，英国颁布了《英国国家课程：科学课程学习计划》（National Curriculum in England：Science Programmes of Study，以下简称《计划》），《计划》涵盖小学到中学阶段的所有科学课程，综合阐述了学习科学课程的目的、科学课程的目标、学校如何安排科学课程等内容，并为不同学段设置了相应的学习计划。《计划》提出了科学课程的 3 条总目标：①积累科学知识和理解概念；②通过科学探究解答科学问题，进而认识科学的本质、过程和方法；③具备必要的科学知识，了解科学的应用及其重要意义。在"科学知识与概念理解"和"科学的本质、过程和方法"部分，对总目标的第一条和第二条进行了进一步的阐释，还在"（科学）语言"部分指出学生听到和说的语言的质量与多样性是发展其科学词汇及清晰准确地阐明科学概念的关键因素，因此要求学生学会清晰地表达和交流思想。

《计划》为不同学段设置了更为具体的课程目标，英国现行的学制体系分为幼儿教育、初等教育、中等教育和高等教育，所有公立学校的国家课程都是根据年龄（5～16 岁）的 4 个关键阶段和 12 个科目组织的，分为核心科目和基础科目。每个阶段的相关年龄组如下：关键阶段一（KS1），5～7 岁；关键阶段二（KS2），7～11 岁；关键阶段三（KS3），11～14 岁；关键阶段四（KS4），14～16 岁。因此，《计划》也针对不同的关键阶段进行了具体目标的设置，每个关键阶段的学习计划分为前言、科学地"工作"、学科内容 3 个部分，学科内容又涉及生物、化学和物理 3 个学科的具体内容，不同的学科目标涵盖了科学知识与概念、科学本质、过程与方法、科学探究、科学思维、科学术语等多个维度。例如，英国高中阶段的课程（General Certificate of Education Advanced Level，简称A-Level 课程）中，具体的科学学科课程、教材、测评由四大考试局——英国爱德思国家职业学历与学术考试机构（Edexcel），牛津、剑桥和 RSA 考试局（Oxford Cambridge and RSA Examinations，OCR），英国资格评估与认证联合会（The Assessment and Qualifications Alliance，AQA）和剑桥大学国际考试委员会（Cambridge International Examinations，CIE）负责。Edexcel 由伦敦大学考试与评估委员会（University of London Examinations and Assessment Council，ULEAC）和英国商业与技术教育委员会（Business and Technology Education Council，BTEC）在 1996 年合并成立。OCR 是英国本土的主要考试委员会之一，也是欧洲最大的评估机构的一部分。1998 年，剑桥大学地方考试联合会（University of

Cambridge Local Examinations Syndicate，UCLES）和英国皇家艺术学会（Royal Society of Arts，RSA）（自 19 世纪 50 年代起提供职业资格的考试委员会）合并后，OCR 正式建立。OCR 将布鲁姆教育目标分类学的 6 个认知层次作为理论基础设置共性评价目标，再根据各个学科的特点制定出学科个性评价目标。在科学领域，OCR 考纲中的学习目标具有较强的可操作性，分为知识性和技能性两大类，注重对学生多种能力的考查，如问题解决能力、实验能力、知识迁移能力和逻辑思维能力等。AQA 是英国的主要考试委员会之一，每年颁发的普通中等教育证书（General Certificate of Secondary Education，GCSE）和 A-Level 考试证书占英国总数的一半以上，该组织成立于 2000 年 4 月，由英国联合考试委员会（The Associated Examining Board，AEB）和英国北方考试评估委员会（The Northern Examinations and Assessment Board，NEAB）合并而成。AQA 的科学考核重视科学学科的实验操作，关注学生对知识点的掌握和实践操作能力，为之后的本科教育打下了坚实基础。同时取消了实验室操作，实行纸笔考试，以减轻学生和学校对实验考试的准备工作，保证学生在考试中稳定发挥。CIE 隶属于英国剑桥大学，世界上有 160 多个国家和地区的 10 000 所学校选择了 CIE 的考试。在科学教育领域，CIE 注重知识的广度，在教材编写上注重物理学科逻辑顺序与学生认知顺序的统一，强调知识体系间的关联性。拥有实验技能操作考试，实验试题主观性、客观性并重，评价目标中更注重考生作答的科学性、规范性与细节性。除此之外，威尔士和北爱尔兰也有自己的考试局，分别为威尔士联合教育委员会（Welsh Joint Education Committee，WJEC）与课程、考试和评估委员会（Council for the Curriculum，Examinations and Assessment，CCEA），苏格兰的考试局是苏格兰资格认证局（Scottish Qualifications Authority，SQA）。

英国中小学科学教育及其课程关注 3 个方面：科学理解力、科学探究能力和科学态度。科学理解力是基础，科学探究能力是手段，科学态度是导向，通过这三方面的综合培养，学生能够达到科学创新力和科学精神的终极目标（祝怀新，2022）。学生科学探究能力的培养是英国科学教育及其课程中被特别强调的一点，《计划》中规定的物理、化学和生物的学习内容都与科学探究紧密相关，要求学生通过科学探究的方式解决自己发现的科学问题。英国教育标准局（Ofsted）在 2013 年发布的《保持好奇心：学校科学教育调查》（Maintain Curiosity：A Survey into Science Education in Schools）中建议要"以 GCSE 与 A-Level 的不断更新、审查为关键契机，培养学生的科学探究能力"，科学教育评价体系需要"包含对学生科学探究能力的评价"，同时要"确保科学课程的时间安排以及实验室的利用，不仅帮助学生获取与考试相关的知识，更要能促使学生培养良好的科学探究能力"（Ofsted，2013）。在科学态度与价值观的培养方面，英国科学教育及其课程关注 5 种科学态度的培养，分别是好奇心、对事实的尊重、改变自己观点的意愿、批判性反思精神和对社会及环境的敏感性。

英国教育标准局（Ofsted，2023）发布了中小学科学教育的评估报告，该报告分析了影响英国中小学科学教育及其课程质量的因素，并提出了关于中小学科学教育在课程、教学与评估、学科体系和学校、其他机构组织 4 个层面的改进建议。该报告指出，儿童在学前班学习的科学知识应该与学生在一年级学习的科学知识联系起来，科学课程的学习应该系统，每个学段之间进行接轨，避免知识的盲目重复。学校应帮助学生了解所学的科学知识如何与他们已经知道的科学知识联系起来。同时，应该扩大学校科学课程的覆盖面，要考虑学生之后开展科学工作所需的更多领域的知识。该报告也对科学教师提出了要求，教师应针对特定内容选择适当的教学方法，还应评估检查学生是否记得以往所学的概念和知识，不仅只检查知识的记忆，也要考查学生利用知识选择、计划和开展不同类型的科学探究活动的能力。学校应重视发展教师和学科负责人的科学专业知识，制定系统性可持续的发展方案。除此之外，还要重视科学实践活动，为确保所有学生都有足够的机会参加高质量的实践活动，英国科学教育协会和英国教育标准局应该监督学校开展科学实践活动的频率和质量。实现高质量的科学教育没有单一的途径，需要各方共同的努力。

三、日本的科学教育及其课程

日本科学教育受到西方教育的巨大影响，科学教育体系逐步完善。2008年，日本对小学科学课程标准实行了改革，丰富了课时和课程内容，强调了"物质和能量"和"生命与地球"两大领域，并将建设知识基础社会作为改革的方向，加强了学生确切学力的发展和培养。此后，为顺应全球化发展以及更好地迎接挑战，日本于 2017 年公布新的课程标准，宗旨是让学生在社会中强化自己的生活能力和生存技能，培养"适宜 21 世纪生活的日本人"，从而建立以支持、合作、创新为核心的终身学习型社会（胥珂，2021）。

日本中小学的科学课程标准，即《小学校学习指导要领》和《中学校学习指导要领》（以下简称《要领》），由日本文部科学省颁布。《要领》将课程目标分为总目标和年级目标，课程目标围绕"资质与能力"开展，旨在培养学生学习科学知识，促使学生对学习内容进行思考和总结，推进学力和人性的发展。以小学阶段的《要领》为例，其总目标是：接近自然，利用科学的看法和主张，有计划地洞察、测验等，灵活地处理自然事物情景中的难题，造就所需要的素质和才能。在总目标的基础上还有三个具体目标，主要关注的是学生对自然科学知识的了解和实验技能的掌握，以及对学生热爱自然的情感态度的培养。年级目标是针对各年级具体的学习目标，分别从"物质和能量"和"生命与地球"这两个板块进行表述，每个板块各三个目标，都是从知识的了解和技能的学习以及态度和情感的培养三个方面进行表述，上下呼应并且契合"资质与能力"的要求。要求学生既要学习科学知识，掌握科学技能，还要养成主动思考的能力和热爱科学的思想，坚定主动处理难题的决心，核心是让学生不断探索，去把握身边事物的性质和特点，学会进行科学实验和探测，明辨事物的特性。

在课程内容方面，不同的年级也有不同的侧重点，如三年级的学习重点是了解身边物质的性质，鼓励学生观察身边接触的生物和环境的变化，比较各种自然事物及现象，掌握其异同点，以培养学生对自然世界学习的好奇心和发现问题的能力。四年级的学习内容则以三年级的学习内容为基础，要求学生能够将原始表象与学习内容和生活经历关联起来，具体包括掌握空气及流水的性质、电的作用，了解人体结构与活动，以及培养学生提出假设的能力。五年级的学习内容更加深入，学生需要了解身边动植物的生长过程，学习更高层次的物理问题，认识流水的作用和土地的变化、天气的变化等自然现象及其蕴含的科学知识。日本科学课程内容注重学生对基本的物体性质、自然现象和物理知识的学习与掌握，并希望这些知识和技能的掌握能够为学生以后的学习与生活打下坚实的基础，让科学课程成为日本课程内容中强调的"面向社会的课程"。

学校对科学课程的开设指导，相比《要领》更加细致。例如，在六年级的学习单元"生物与环境"中，《要领》指出在教授生物之间的捕食关系时，即学生在学习食物链这一概念时，课程实施建议强调学生应亲身观察动物，并接触它们所食的食物，深刻理解动物的生活习性，并通过亲身观察对所学模块进行思考。通过学生的亲身体验和教师在课堂上提供的拓展知识，使学生更加理解"生物与环境"这个单元的科学知识。在科学课程实施中，强调了科学探究活动的重要性，注重主体性、互动式与深度的主动学习，希望学生通过这种方式能够更加深刻地理解所学内容。与2008年颁布的课程标准相比，《要领》对实验实施的建议和要求更加细致与系统，指出学生需要完成的实验环节。例如，在"物体的溶解"的建议中，《要领》指出学生要在水溶解的实验中进行假设，观察不同物质的溶解情况，通过实验得出物质会在水中均匀地扩散的结论。《要领》还指出科学教育应该激发学生自主探索自然界的兴趣，培养学生的自主学习能力，教师在学生学习中起到一个指引作用，不对学生的探索活动做过多的指点。在评价方面，日本科学课程关注四个方面的评价，即知识、技能、态度和思考、与课程目标相对应。

第四节　中国的基础科学教育及其课程

中国的科学教育发展相对较晚。近代以来，受国外科学教育发展的影响，中国也开始进行科学教育的探索。中华人民共和国成立初期，科学教育的内容和方式都是机械地照搬苏联模式。改革开放以后，科学教育的发展步入正轨，但这一阶段的科学教育过度关注对科学知识的识记，学习内容枯燥，无视学生科学素养的培养（高超，2013）。2001 年，教育部颁布的《全日制义务教育小学科学（3～6 年级）课程标准（实验稿）》，明确将科学课程性质定位在科学素养的培养上，科学课程以提高每个学生的科学素养为总目标。同年，教育部和中国科学技术协会联合发起了"做中学"探究式科学教育改革项目，截至 2011 年，试点项目遍及中国 22 个省份的 20 万名学生，为中国中小学科学教育改革积累了经验（韦钰，2018）。之后，中国的科学教育改革进一步发展，2017 年颁布《义务教育小学科学课程标准》，2022 年颁布《义务教育科学课程标准（2022 年版）》。中国的基础科学教育及其课程在过去的几十年中经历了显著的发展和改革，从小学到高中逐步建立了系统化的课程体系，我国的基础科学教育及其课程在不断改革创新中迈向新高峰，为国家的科技进步和社会发展奠定了坚实基础。本节将从学前、小学、初中和高中四个阶段介绍现阶段我国的科学教育和课程情况。

一、学前与小学科学教育及其课程

我国学前阶段科学教育在课程内容和师资方面较为薄弱。在课程内容方面，习惯将零散的、缺乏整合的科学知识作为幼儿学习的材料，忽视了科学知识间的联系。以动物为例，很多教师会引导幼儿认识各种动物的名字、栖息地、生活方式等，但很少有教师能够引导幼儿对这些分散的知识进行有意义的整理（李雨昕，2023）。在师资方面，受过专业培养的学前科学教师数量较少。2022 年中共中央办公厅、国务院办公厅印发《关于新时代进一步加强科学技术普及工作的意见》，其中指出要"将激发青少年好奇心、想象力，增强科学兴趣和创新意识作为素质教育重要内容，把弘扬科学精神贯穿于教育全过程……加强幼儿园和中小学科学教育师资配备和科学类教材编用，提升教师科学素质"，展现了我国对学前科学教育的重视。2001 年，教育部印发《幼儿园教育指导纲要（试行）》（以下简称《纲要》），要求"负责幼儿教育工作的行政人员、教研人员、幼儿园园长和教师学习和理解《纲要》，以有效地依据《纲要》的指导思想和基本要求，根据儿童发展的实际需要，制订教育计划和组织教育活动，进一步更新教育观念，提高教育技能"。《纲要》中包含幼儿园阶段与科学相关的教育目标、教育要点以及教育内容和要求。2012 年，教育部印发《3-6 岁儿童学习与发展指南》，从健康、语言、社会、科学、艺术 5 个领域描述了幼儿的学习与发展。其中，科学方面包括科学探究和数学认知两个方面，每个方面又分别由学习与发展目标和教育建议两部分组成。在科学探究方面，该指南提出了 3 个目标：①亲近自然，喜欢探究；②具有初步的探究能力；③在探究中认识周围事物和现象。在数学认知方面同样也有 3 个目标：①初步感知生活中数学的有用和有趣；②感知和理解数、量及数量关系；③感知形状与空间关系。

与学前阶段相比，小学阶段的科学教育较为系统。2001 年，教育部颁布了《全日制义务教育小学科学（3～6 年级）课程标准（实验稿）》。为配合《国家中长期科学和技术发展规划纲要（2006—2020 年）》和《全民科学素质行动计划纲要（2006—2010—2020 年）》，2007 年，科学技术部、中共中央宣传部等八部门共同印发了《关于加强国家科普能力建设的若干意见》。该意见也强调要完善中小学科学教育体系，提高科学教育水平；要求促进中小学科学课程的改革与发展，加强中小学科学教育基础设施建设。2017 年，教育部颁布《义务教育小学科学课程标准》，给全国科学教育的开展树立了基本标准。2019 年发布的《教育部关于加强和改进中小学实验教学的意见》关注到了科学教育中的实验教学模块，就加强和改进中小学实验教学工作提出了总体要求，并明确了主要举措和实施手段。2022 年《教育部办公厅关于加强小学科学教师培养的通知》中要求高校建强科学教育专业扩大招生规模，加大相关专业科学教师人才培养力度，优化小学科学教师人才培养方案，创新小学科学教师培养协同机制。同年颁布《义务教育科学课程标准（2022 年版）》，提出了义务教育阶段我国科学教育的总目标，即培养学生的核心素养，为学生的终身发展奠定基础。我国小学阶段的科学课程是综合课程，囊括了物质科学、生命科学和地球与空间科学等多方面的 13 个学科核心概念，以及物质与能量、结构与功能、系统与模型、稳定与变化 4 个跨学科概念。当前，小学科学课程依然以课堂讲授为主，实验课程相对不完善，通过学业水平考试来测试学生的科学学习情况。

蔡睿琳与张爱琴（2023）发现，进入 21 世纪以来，我国的科学教育具有以下特征：①教育理念尊重学生差异性、发挥学生主体性、适应经济社会发展需求、服务于社会主义现代化强国建设；②教育目标围绕培养学生的知、情、意、行；③教育基本内容融合人文科学与社会科学，关注科学实践；④实施方式以开发和利用社会资源与媒体来实现社会学习，以完善科学教育体系来实现学校学习，并向中西部科学教育资源短缺地区倾斜。在小学科学教师的发展现状方面，王钦忠（2023）认为，小学科学教师的科学素养具有独特性，具体内涵应包括科学内容知识、科学思维倾向、科学实践能力和科学价值理解四个维度。在科学教学评价方面，李崧（2023）发现，进入 21 世纪以来，小学科学教育评价研究力量分散，主要为一线教师及高校研究生，研究者之间联系较少，且研究成果的层次有进一步提升的空间；小学科学教学评价研究持续发展，内容不断深化；小学科学教学评价的历史变化研究脉络清晰、国际对比研究差距明显、评价体系的理论研究多元立体、评价工具的实践研究缺乏使用经验。

2021 年，教育部基础教育质量监测中心发布了《2020 年国家义务教育质量监测——科学学习质量监测结果报告》，本次监测共对全国 31 个省（自治区、直辖市）和新疆生产建设兵团的 331 个样本县、市、区的 4012 所小学和 2523 所初中的 116 328 名五年级学生和 78 856 名九年级学生进行了测查，反映了义务教育阶段我国科学教育的整体情况。重点测查了学生的科学理解能力、科学探究能力、科学思维能力，以及学生的科学学习态度与习惯，还对学校的科学教育教学状况进行了调查，以反映各地科学课程的实施状况与国家相关政策的执行情况。该报告指出，我国小学科学教育现状如下：①学生科学学业表现整体良好，约八成学生科学学业表现达到中等及以上水平，80.0% 的四年级学生科学学业表现达到中等及以上水平，15.3% 的四年级学生科学学业表现处于优秀水平；②随迁子女与城市本地儿童科学学业表现基本相当；③学生科学学习兴趣较高，但科学学习自信心有待提高，科学学习方法有待改进，同时科学学习兴趣高、科学学习自信心强或科学学习方法好的学生，科学成绩也相对较高；④学生在科学课上动手实验的比例较高，且有所提升，四年级学生在科学课上动手做实验的比例为83.2%，较 2017 年提高了 2.2 个百分点；⑤科学教师在学生动手实验时有讲解、有指导的学校比例较高，这些学校的科学成绩也相对较高；⑥科学教师探究教学水平有较大提升，但仍有改进空间，四年级科学教师探究教学水平高或较高的比例为 52.4%，较 2017 年提高了 15.4 个百分点；⑦学校科学实验教学资源配备状况较好，但部分资源使用状况不佳，监测结果显示，四年级配备了科学实验室、实验仪器设备、实验耗材的学校比例分别为92.8%、95.3%、93.0%。

二、初中科学教育及其课程

我国除浙江省外，初中阶段均采用物理、化学、生物、地理分科课程来进行科学教学，浙江省则采用综合科学课程进行教学。《义务教育科学课程标准（2022年版）》不仅统一阐明了义务教育阶段科学课程的课程性质、课程理念和课程总目标，也明确规定了初中年级科学教育的学段目标和课程内容。针对分科课程，同年颁布的《义务教育物理课程标准（2022年版）》《义务教育化学课程标准（2022年版）》《义务教育生物课程标准（2022年版）》《义务教育地理课程标准（2022年版）》，从课程性质、课程理念、课程目标、课程内容、学业质量和课程实施6个方面明确了4门学科的规范教学。在课程设置方面，七年级学生需要学习地理与生物课程，八年级时加入物理课程，九年级时加入化学课程，同时结束地理和生物课程的学习。《2020年国家义务教育质量监测——科学学习质量监测结果报告》指出，我国初中科学教育现状如下：①学生科学学业表现整体良好，约八成学生科学学业表现达到中等及以上水平，79.5%的八年级学生科学学业表现达到中等及以上水平，11.7%的八年级学生科学学业表现处于优秀水平。②18.8%的八年级学生期望长大以后从事科学职业。其中，5.7%的学生期望成为科学和工程专业人员，10.5%的学生期望成为卫生专业人员，2.3%的学生期望成为信息和通信技术专业人员，0.3%的学生期望成为科学技术人员和助理专业人员。③学生在科学课上动手实验的比例较高，且有所提升，八年级学生在物理、生物课上动手做实验的比例分别为82.5%、69.8%，较2017年分别提高了6.3个、17.0个百分点。④科学教师探究教学水平有较大提升，但仍有改进空间；八年级物理、生物、地理教师探究教学水平高或较高的比例分别为58.7%、48.7%、41.4%，较2017年分别提高了19.8个、24.2个、22.0个百分点。⑤学校科学实验教学资源配备状况较好，但部分资源使用状况不佳，监测结果显示，八年级配备物理、生物实验室的学校比例分别为98.7%、97.3%，配备物理、生物实验仪器设备的学校比例分别为99.5%、98.6%，配备物理、生物实验耗材的学校比例分别为97.7%、96.3%。

围绕初中科学教育，各地学校尝试过一系列课程创新活动。例如2015年，北京初中开始实行开放性科学实践活动，该活动要求新入学的初一学生都要走出校园，走进高等院校、科研院所、科普场馆与博物馆等200余家资源单位，在自然与环境、健康与安全等多个领域的 1000 余个活动项目中自主选择，完成每学期 5 个活动项目、每次 2 小时的科学实践活动，活动聚焦"开放""科学""实践"，旨在激发学生的创新潜能（张毅，2016）。

初中科学教育研究可以大致划分为概念研究、科学教育现状调查和教学实践。在概念研究领域，很多科学教育理念（如跨学科概念、STEM 教育等）被融入初中科学课堂中，寻找初中科学教育实施策略，总结科学教育理念的具体应用方略。科学教育现状调查包括学生科学水平的调查、教师科学素质的调查以及学校科学实验设备的调查等。曹蓓蓓（2020）对科学大概念理念下初中科学教育的实施策略进行了深入的探讨和研究，以我国当前初中科学教育教学工作现状为基础，建议初中科学教育的实施应当深化科学核心概念和模型，引导学生由浅入深地认识科学知识。教学实践方面的研究较为多样化。陈国军（2017）分析了科学史教学在初中科学教学中的作用和必要性，他指出，学生在学习科学史的过程中可以逐步认识科学的本质、发展科学探究的精神、涵养优秀品质和爱国情怀，倡导教师将科学史的教学有选择性地融入初中科学教学中。廖婷婷（2015）发现，跨学科概念与初中生物学、物理学和化学这三门学科课程内容和各水平知识紧密联系和高度对应，说明跨学科概念与初中科学教育具有密切的联系，为跨学科概念融入初中科学教学提供了重要的理论依据。STEM 教育理念和科学教育的结合也是研究热点之一。吴志群（2021）以 STEM 教育理念为基础，从联系实际生活、关注自然现象、聚焦社会热点 3 个角度，挖掘初中科学教育中的 STEM 课程资源，开展探究实践。创客教育理念在初中科学教育中的应用也备受关注。陶珍伟（2019）为提高初中科学课堂教学质量，总结出创客教育理念在课堂中的 3 个应用方略：①接纳创客教育理念，树立培养学生创新实践能力育人意识；②创新课堂教学方法，引导学生动手实践成为"小创客"；③完善创客教育体系，培育学生核心素养。张继萍（2019）围绕课外科学实验实践活动，指出课外科学实践可以让学生大胆地进行设计、操作、重组，充分发挥思考能力及动手能力，从而不断发展其思维能力、实践能力、创新能力。她还在探索中提出了开发课外实践的 4 个要点，分别是：①能力导向，培养学生的实验思维品质；②巧用方法，转化科学实验"边缘生"；③突出主体，鼓励学生自主开发实验；④保持兴趣，给予学生肯定的评价。

三、高中科学教育及其课程

高中阶段的科学教育分为物理、化学、生物、地理 4 门分科课程，与义务教育阶段的科学教育相比，高中阶段的科学课程更加深入。我国在 2017 年颁布并于 2020 年修订了《普通高中物理课程标准》《普通高中化学课程标准》《普通高中生物学课程标准》《普通高中地理课程标准》，分别从课程性质与基本理念、学科核心素养与课程目标、课程结构、课程内容、学业质量和实施建议 6 个方面呈现了这 4 门课程的要求。在课程内容方面，高中课程科学分为必修课程、选择性必修课程、选修课程与学生必做实验 4 个部分。杨季冬和王后雄（2018）对这一版课程标准进行了编码统计分析，发现认知取向是 3 个课程标准中体现最多的课程价值取向，之后依次是人文主义取向、社会重建取向、学术理性主义取向、科技发展取向，呈现出多元价值取向的特点。研究建议课程相关材料采用多元化价值取向设计，实践中关注人文主义取向和社会重建取向，在科学课程标准中适当增加科技发展取向。

对于高中阶段的科学教育研究，更多是物理、化学、生物、地理 4 门课程的研究。研究领域包括学科内容、中外课程的对比分析、教育评价、教育理念、教育实践和教育现状。程力和李勇（2019）参考高考评价体系的框架，探索物理考试内容改革，科学构建物理考试的功能定位、考查内容、考查要求、考查载体等内容，力图促进物理科考试实现由"知识能力立意"评价向"价值引领、素养导向、能力为重、知识为基"评价转变。罗莹（2018）从课程研究与教学实践出发，分析探讨物理知识与物理观念的区别和联系，并以此为基础探讨物理观念教学，指出物理教学应重新定位"教会"与"学会"的标准，并在中学物理教学中恰当引入考查物理观念的测评方式。尹庆丰（2020）着眼于思政教育的融入，基于"立德树人"的根本目标，对物理课程的开发提出了三点建议：①教学内容上，可以对教材进行二次开发，充分挖掘思政元素；②教学模式上，可以运用混合式教学，积极拓展思政时空；③教学素材上，教师的一言一行都是培养学生思政素养的示范。仲扣庄和郭玉英（2010）从影响课程内容难度的三要素入手，以《普通高中物理课程标准（实验）》为参照，从文本角度对 4 个版本的高中物理教科书中的量子理论部分进行内容难度定量分析，发现 4 个版本教科书的内容难度均高于课程标准，并呈现如下顺序——教科版>人教版>沪科教版>鲁科版[①]，据此提出教育行政部门和教师应根据所在地区、学校的情况和学生的认知特点选用教科书，灵活处理教学内容。马敏（2012）对比分析中美科学教师学科教学知识在教学目标、学生、课程、教学策略和方法 5 个方面的异同，研究发现：①中美

---

① 教科版、人教版、沪科教版、鲁科版分别指的是教育科学出版社、人民教育出版社、上海科技教育出版社、山东科学技术出版社出版的教材版本。

科学教师的学科教学知识在这 5 个方面均存在差异，我国教师依然受传统的应试教育的束缚，造成这种差异的原因在于教师所持有的知识观、教学观、评价观等价值观的不同；②要真正更新教师的学科教学知识，需要以新的概念框架为基础，从学习内容、学习方式和项目组织 3 个方面重新思考教师专业学习项目的设计，为教师提供更优质的学习机会和学习经验；③中美教师学科教学知识的差异和教师培训项目的差异存在相似的逻辑，因此教师教育者的学科教学知识也需要更新。皇甫倩等（2015）发现：在高中化学课堂上，学生课堂参与度较低，需要进一步提升；性别和原有学业水平对课堂参与度不具显著预测力，并据此提出了改善当前高中生课堂参与度现状的途径。主要包括：①倡导正面教育，提高参与意识；②丰富教学策略，促进认知参与；③实施差异教学，完善情感体验。刘玉荣和史鹏园（2018）指出，现行高中化学实验教学中学生的学习大多仍停留在浅层学习层面，并针对此提出了相应的教学策略，通过案例进行论证，主要包括确立高阶思维发展的实验教学目标、选择具有挑战性的实验问题、建构真实批判的实验情境、整合意义连接的实验内容、使用思维图示等工具梳理实验流程、建立持续关注的反馈评价方式几个方面。赵彬（2016）基于 5E①教学模式，对该模式进行了系统梳理，进一步研究如何将该模式应用于高中生物学科教学中，并与传统教学设计进行对比，完善这一设计，从而在理论和实践上为高中生物学教师提供教学设计方面的借鉴。张雪（2018）发现，学生生物核心素养水平不高，虽能够掌握一定的生物科学知识，但是没有形成科学思维。经过调查与访谈研究，张雪提出生物学教学中关于学科核心素养的培养主要受以讲授法为主的课堂教学模式、生物学资源配置、教师教育理念与专业能力的限制，据此建议生物教学转变教学模式，加强生物学资源配置，因地制宜组织探究活动，促进教师专业发展与教育理念的转变。吴振华等（2019）关注地理实践力在地理研学旅行课程中的培育和应用，依托永定河峡谷丰富的地理资源，从课程设计、课程实施、课程评价、课程反思等方面尝试将地理研学旅行课程化。通过记录并分析课程的具体实施过程，提出应从师资搭配、课程构建、区域遴选等方面优化地理研学旅行课程的设计和实施。

四、科学课程标准与教材

科学课程是科学教育的重要载体，而科学课程最终转化为学生科学核心素养的提升需要经由课程预期，即课程愿景或目标；课程实施，即教学策略和教学活

---

① 5E 即引入（engagement）、探究（exploration）、解释（explanation）、迁移（elaboration）、评价（evaluation）。

动等；以及学生的课程收获，包括知识和技能等（图1-2）。联系课程预期与课程实施的关键环节是课程教材与其他教学材料，它们是课程潜在实施的重要媒介和工具。在我国中小学科学教育情境下，课程教材的重要性尤为突出，尤其是在小学阶段，绝大多数小学科学教师都基于教材进行教学。

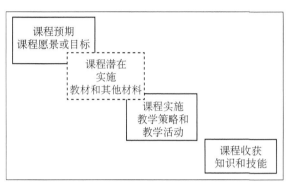

图 1-2　教材与课程的三方模型

资料来源：改编自 Valverde 等（2002）

科学教材在科学教育中扮演着至关重要的角色。科学教材是学生和教师获取和传递科学知识的主要媒介（Mikk，2000），它能够塑造学生、教师及家庭对科学学科的认识和理解（Valverde et al.，2002）。学习者通过对科学教材的学习，能够理解概念间的联系、定律和原则的关系（McCormick，1997），获得物理世界知识并理解所必需的科学过程技能，促进自身逻辑思维和科学核心素养的发展。不同国家基于自身的课程标准制定的多样化的教材，不仅能够满足学习者不同的需求，而且能够激发学生的好奇心和学习兴趣，成为提高学习效果的关键（Martínez-Gracia et al.，2006）。科学教材也为教师提供了教学实践的指南，帮助他们选择合适的教学主题和方法（Martínez-Gracia et al.，2006），并确定了要教授的内容以及教学程序的基本指导方针。科学教材能够连接理论与实际，将科学概念应用于现实世界情境，从而增强学习者对科学学科知识实用性的认识（Ahtineva，2005）。有鉴于此，本书关注学生科学核心素养提升的前两个环节，即科学课程标准与科学教材。

本章参考文献

安维民. 2013. 数字化学习环境下中小学生自主学习能力培养的策略研究. 中国电化教育，

（6）：105-108.

包春莹. 2021. 初中生物学教学中科学本质教育的实施策略建议. 中学生物学，（8）：68-70.

蔡睿琳，张爱琴. 2023. 21世纪以来我国科学教育政策发展特征与推进路径——基于NVivo12的文本分析. 教学研究，（6）：19-27.

蔡铁权，姜旭英，胡玫. 2009. 概念转变的科学教学. 北京：教育科学出版社.

曹蓓蓓. 2020. 科学大概念理念下初中科学教育探讨. 新课程教学（电子版），（3）：34-35.

陈国军. 2017. 以史为镜，以史促教——基于科学史的初中科学教育. 学园，（34）：131-132，134.

陈丽清. 2023. 基于小学科学教育的学生创新思维培养研究. 学周刊，（22）：60-62.

程力，李勇. 2019. 基于高考评价体系的物理科考试内容改革实施路径. 中国考试，（12）：38-44.

邓小平. 1994. 邓小平文选. 第2卷. 北京：人民出版社.

邓阳，王后雄. 2014. 科学教育的新篇章：美国《下一代科学教育标准》及其启示. 教育科学研究，（5）：69-74.

翟小铭，郭玉英. 2015. 科学建模能力评述：内涵、模型及测评. 教育学报，（6）：75-82，106.

丁邦平. 2000. 西方科学教育的历史考察. 清华大学教育研究，（2）：81-90.

董光顺，李志坚. 2022. 物理科学探究回归科学实践本质的教学思考——以闭合电路欧姆定律的探究学习情境开发为例. 物理教师，（6）：22-27.

高超. 2013. 中国近代以来科学教育发展历程及对现阶段科学教育的反思. 学园，（17）：34-35.

高倩倩，谢宏妮，李雪峰. 2023. 科学本质教育的研究新趋势与中学生物学教学——从"共识观点"到"家族相似法". 生物学通报，（6）：5-11.

韩葵葵. 2016. 中学生的科学论证能力——结构、测评、发展及培养. 西安：陕西师范大学.

何辉. 2006. 化学迷思概念的转变. 武汉：华中师范大学.

何美，裴新宁. 2009. 科学教学中的建模活动：若干概念与研究主题. 全球教育展望，（2）：82-86.

胡塞尔. 1997. 胡塞尔选集. 上册. 上海：上海三联书店.

皇甫倩，王后雄，彭慧. 2015. 高中生课堂参与度现状及其影响因素的调查研究——以高中化学学科为例. 教育理论与实践，（23）：55-57.

雷月清. 2022. 德育为先，培养"态度责任"素养——小学高年级科学"态度责任"核心素养培养策略//广东教育学会. 广东教育学会2022年度学术讨论会暨第十八届广东省中小学校长论坛论文选（三）. 东莞：1214-1220.

李崧. 2023. 近二十年小学科学教学评价研究热点与建议. 湖北教育，（11）：59-63.

李雨昕. 2023. 美国学前科学教育改革对我国的启示. 陕西学前师范学院学报,（11）：41-54.

廖婷婷. 2015. 跨学科概念融入初中科学教育的初步研究. 南京：南京师范大学.

林崇德. 2017. 构建中国化的学生发展核心素养. 北京师范大学学报（社会科学版），（1）：66-73.

刘玉荣，史鹏园. 2018."深度学习"视野下高中化学实验教学：问题与对策. 化学教育（中英文），（17）：58-65.

刘媛媛. 2023. 基于培养科学观念的自制教具在小学科学教学中的应用研究. 济南：山东师范大学.

罗莹. 2018. 物理核心素养研究：物理知识与物理观念. 物理教师,（6）：2-6.

马敏. 2012. PCK 论——中美科学教师学科教学知识比较研究. 上海：华东师范大学.

潘瑶珍. 2013. 科学教育中的论证教学. 上海：华东师范大学.

澎湃新闻. 2019. 重磅!《面向可持续发展的科学教育倡议》中英文版发布. https://www.thepaper.cn/newsDetail_forward_4712089[2024-07-07].

宋怡，丁小婷，马宏佳. 2017. 专家型教师视角下的化学学科核心素养——基于扎根理论的质性研究. 课程·教材·教法,（12）：78-84.

汤志浩，李帅. 2023. 高中物理教学中科学本质教育的开发——以"自由落体运动"教学为例. 湖南中学物理,（4）：24-26.

唐小为，丁邦平. 2012."科学探究"缘何变身"科学实践"？——解读美国科学教育框架理念的首位关键词之变. 教育研究,（11）：141-145.

陶珍伟. 2019. 创客教育理念在初中科学课堂中的应用探索. 试题与研究,（22）：172.

田俊，田文汇，王萱，等. 2023. 中小学教师在线教学胜任力模型构建与应用——一项基于行为事件访谈的混合研究. 中国电化教育,（10）：126-133.

王辉. 2012. 我国科学素质教育政策内容分析. 长沙：湖南大学.

王玫. 2023. 论小学科学教学中如何培养学生的"创新思维"//2023 年课程教育探索学术论坛. 2023 年课程教育探索学术论坛论文集（一）：863-867.

王萌，胡美. 2012. 浅析科学教育的重要性及其发展. 科技信息,（22）：64.

王钦忠. 2023. 核心素养视域下小学科学教师的科学素养：内涵、挑战与支持. 中小学教师培训,（11）：8-12.

王卓，常桂香，辛雅洁，等. 2022. 社交网络时代我国研究生与导师的"典型"互动模式研究. 创新教育研究,10（5）：1043-1052.

韦新平. 2023. 涵育"科学态度与社会责任"的教学内容结构化设计——以"探析二氧化硫的功与过"教学为例. 化学教学,（1）：35-41.

韦钰. 2018. 从科学教育改革的历程展望未来的发展趋势. 中国科技奖励,（9）：30.

吴振华，袁书琪，牛志宁. 2019. 地理实践力在地理研学旅行课程中的培育和应用. 课程·教材·教法,（3）：102-107.

吴志明. 2013. 论证式教学——抵及科学探究的核心. 物理教师,（8）：38-39.

吴志群. 2021. STEM教育理念下初中科学综合思维能力的培养. 现代教学,（Z3）：67-68.

习近平. 2022. 高举中国特色社会主义伟大旗帜 为全面建设社会主义现代化国家而团结奋斗——在中国共产党第二十次全国代表大会上的报告. 北京：人民出版社.

夏志东. 2023. 物理核心素养中科学态度与责任的培养路径研究. 数理天地（初中版）,（22）：81-83.

肖化，郭晓敏，曾辉，等. 2021. 基于STEM教育理念培养高中生科学探究素养. 物理教学探讨,（4）：75-80.

邢聪慧，顾建军，杨洋. 2021. 小学职前教师与在职语文教师的批判性思维倾向研究. 教育导刊,（5）：40-46.

熊国勇. 2016. 美国《下一代科学标准》核心内容与特征分析. 基础教育,（2）：97-103.

熊士荣. 2009. 美国基础科学教育变革评述. 湖南师范大学教育科学学报,（2）：69-73.

熊焰. 1998. 美国近50年来中学教育改革评述. 课程·教材·教法,（4）：58-61.

胥珂. 2021. 日本小学科学课程改革研究——基于2008年版和2017年版《学习指导要领》的比较. 扬州：扬州大学.

杨彬. 2006. 美国中小学师资认证与聘任制度研究. 天津市教科院学报,（4）：57-60.

杨季冬，王后雄. 2018. 高中科学教育课程标准（2017版）中的课程价值取向——基于NVivo 11.0的编码分析. 教育科学,（6）：38-43.

杨文源，刘欣颜，刘恩山. 2015. 美国《下一代科学教育标准》的出台背景及其对科学教育的导向. 当代教育科学,（21）：39-42.

杨晓梦. 2023. 新课标视域下中小学科学教育的发展方向与推进路径. 中小学管理,（6）：30-33.

叶宝生，董鑫. 2023.《义务教育科学课程标准（2022年版）》核心素养中科学观念的内涵与落实——基于自然辩证法思想的理论分析与实践对策. 课程·教材·教法,（2）：123-130.

殷俊才. 2023. 基于图尔敏论证模式培养高中生科学思维——以"生物膜的流动镶嵌模型"为例. 中学生物教学,（17）：58-62.

尹庆丰. 2020. "课程思政"融入高中物理课堂教学初探. 物理教师,（6）：69-72.

张继萍. 2019. 以学生发展为本因地制宜开发课外实验——初中科学教育之探索与实践. 豫章师范学院学报,（6）：76-79.

张雪. 2018. 高中生生物学学科核心素养水平及其培养的调查研究. 长春：东北师范大学.

张毅. 2016. "开放性科学实践活动"：首都初中科学教育新举措. 中小学管理，（5）：7-10.

张懿，陈莉，谢伯岩. 2022. 新课标背景下小学科学教学内容重构. 教育科学论坛，（28）：18-21.

张月松. 2023. 小学生科学自主学习能力培养对策探究//广东省教师继续教育学会. 广东省教师继续教育学会第六届教学研讨会论文集（四）. 广州：876-881.

张哲，陈晓慧，王以宁. 2018. 教师信息技术应用行为影响因素模型构建研究. 中国电化教育，（1）：118-125.

张宗芳，董艳，杨洋. 2021. 非传统科学课程教学模式对学生科学成绩的影响——近二十年实验研究的元分析. 创新教育研究，9（6）：1860-1872.

赵彬. 2016. 基于"5E"教学模式的高中生物学教学设计与实践研究. 西安：陕西师范大学.

中华人民共和国教育部. 2018. 普通高中地理课程标准（2017 年版）. 北京：人民教育出版社.

中华人民共和国教育部. 2018. 普通高中化学课程标准（2017 年版）. 北京：人民教育出版社.

中华人民共和国教育部. 2018. 普通高中生物学课程标准（2017 年版）. 北京：人民教育出版社.

中华人民共和国教育部. 2018. 普通高中物理课程标准（2017 年版）. 北京：人民教育出版社.

中华人民共和国教育部. 2022. 义务教育科学课程标准（2022 年版）. 北京：北京师范大学出版社.

仲扣庄，郭玉英. 2010. 高中物理课程标准教科书内容难度定量分析——以"量子理论"为例. 课程·教材·教法，（4）：67-71.

朱玉军. 2023. 科学教育的 4 项基本原理. 化学教育（中英文），（23）：127.

祝怀新. 2022. 以素养为本：英国中小学科学教育政策考量. 人民教育，（18）：71-74.

Ahtineva A. 2005. Textbook analysis in the service of chemistry teaching. Universitas Scientiarum，（10）：25-33.

de Vries E，Lund K，Baker M. 2002. Computer-mediated epistemic dialogue：explanation and argumentation as vehicles for understanding scientific notions. The Journal of the Learning Sciences，11（1）：63-103.

Engels F. 1925. Dialectics of Nature. https://www.marxists.org/archive/marx/works/1883/don/index.htm[2024-10-17].

Fortune J，Peters G，Rawlinson-Winder L. 1993. Science education in English and Welsh primary schools：a systems study. Journal of Curriculum Studies，25（4）：359-369.

Hjalmarson M A，Holincheck N，Baker C K，et al. 2020. Learning models and modeling across the STEM disciplines // Handbook of Research on STEM Education. London：Routledge：223-233.

Lederman N G. 1992. Students' and teachers' conceptions of the nature of science: a review of the research. Journal of Research in Science Teaching, 29（4）: 331-359.

Lehrer R, Schauble L. 2006. Cultivating model-based reasoning in science education//Sawyer R K. The Cambridge Handbook of the Learning Sciences. Cambridge: Cambridge University Press: 371-388.

Martínez-Gracia M V, Gil-Quílez M J, Osada J. 2006. Analysis of molecular genetics content in Spanish secondary school textbooks. Journal of Biological Education, 40（2）: 53-60.

McCormick R. 1997. Conceptual and procedural knowledge. International Journal of Technology and Design Education, 7: 141-159.

Mikk J. 2000. Textbook: Research and Writing. Oxford: Peter Lang Group AG .

Ofsted. 2013. Maintain curiosity: a survey into science education in schools. https://www.gov.uk/government/publications/maintaining-curiosity-a-survey-into-science-education-in-schools[2024-07-07].

Ofsted. 2023. Finding the Optimum: the Science Subject Report. https://www.gov.uk/government/publications/subject-report-series-science/finding-the-optimum-the-science-subject-report--2[2024-07-07].

Popper K. 2002. The Logic of Scientific Discovery. 2nd ed. London: Routledge.

Schwarz C V, White B Y. 2005. Building a model of the impact of inquiry-based science education on student achievement. Journal of Research in Science Teaching, 42（5）: 464-493.

Spencer H. 1904. An Autobiography. Vol 1. New York: D. Appleton and Company.

Valverde G, Bianchi L, Wolfe R, et al. 2002. According to the Book: Using TIMSS to Investigate the Translation of Policy into Practice through the World of Textbooks. Dordrecht: Springer Dordrecht.

Wandersee J H, Mintzes J J, Novak J D. 1994. Research on alternative conceptions in science// Gabel D L. Handbook of Research on Science Teaching and Learning. New York: Simon & Schuster and Prentice Hall International: 177-210.

第二章

小学科学课程标准
与义务教育科学课程标准

学习目标

1. 理解义务教育科学课程标准的理念、目标与内容。

2. 能够比较小学科学课程标准和义务教育科学课程标准，并列举二者的异同。

3. 理解与应用义务教育科学课程标准中的学习进阶、真实情境与高阶思维。

知识导图

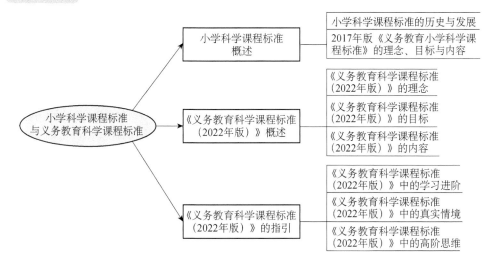

科学课程标准是国家教育主管部门颁布的指导科学教育方方面面的最高指导纲领。对科学课程标准的分析与解读，能够让我们了解当前科学教育的改革方向，进一步明确当前科学教学工作的目标与内容。与此同时，科学课程标准中还体现了当下教育研究的主要发现，为开展基于证据的有效科学教学指引着方向。

第一节　小学科学课程标准概述

课程标准是由国家教育主管部门颁布的规定学校培养目标和教学内容的指导性文件，一般分为总纲和分科课程标准两部分。它规定了各级各类学校教育的目的、性质、内容、评价与实施，是具有权威性、法规性、纲领性和指导性的重要文件。科学课程标准是指导学校科学教育和课程的纲领性文件，反映了一个国家或地区科学教学的学术积累和对课堂实践的期待，是科学教育水平的重要标志。科学课程标准是对教学要求和内容的具体描述，是课程的准绳和课程实施的衡量依据。小学科学课程标准是小学阶段科学教材编写、教学、评估和考试命题的依据，是国家对小学科学教育进行管理和课程评价的基础，它对教材、教学和教学评价具有积极的导向和调控作用。本节将从历史发展的视角，探讨中华人民共和国成立以来我国小学科学课程标准的演进历程，并详细介绍 2017 年版《义务教育小学科学课程标准》，包括其核心课程理念、课程目标与课程内容，以展现小学科学教育在国家教育体系中的定位、发展及其对学生科学素养培养的重要作用。

一、小学科学课程标准的历史与发展

自中华人民共和国成立以来，我国小学科学课程标准的发展已走过 70 多年的历程。王涛等（2021）根据课程标准内容和结构的演变，并结合社会发展情况，将课程标准的发展分为四个历史阶段，即清末民初至中华人民共和国成立前（1902～1948 年）、中华人民共和国成立初期至改革开放初期（1949～1987 年）、改革开放 10 年后（1988～1999 年）、新课程改革至今（2000 年至今）。潘洪建（2012）在《小学科学课程标准 60 年》一文中总结了 1956～2001 年小学科学课程标准的发展，并着重对比了 1956 年、1963 年、1978 年、1986 年与 2001 年的课程标准。参考上述研究结果，本节将小学科学课程标准的发展从中华人民共和国成立开始，分为五个阶段：百废待兴，从学习苏联经验到自主探索时期（1949～1965 年）；"文化大革命"与摸索时期（1966～1976 年）；拨乱反正、适应转型时期（1977～1985 年）；普及九年义务教育的多元探索时期（1986～1999 年）；关注科学素养的新课程改革时期（2000 年至今）（图 2-1）。

（一）百废待兴，从学习苏联经验到自主探索时期（1949～1965 年）

中华人民共和国成立初期，中国各学科课程文件仿效苏联以"大纲"命名，1956 年的《小学自然教学大纲（草案）》是我国第一个官方颁布的自然科学大纲，在之后几次修订中，小学科学先是结合在语文教学中，继而在低年级被取消。1986 年，我国开始实施义务教育，在小学教学计划中为自然学科设置了独立科目，重新确立了科学教育的基础学科地位。2001 年，教育部颁布了《全日制义务教育小学科学（3～6 年级）课程标准（实验稿）》，这标志着中国小学科学教育的重要转变，即从"自然"课程向"科学"课程的转变。

从学习苏联经验到自主探索时期，科学教育开始受到重视，并于 1950 年和 1956 年先后颁布了《小学课程暂行标准初稿》和《小学自然教学大纲（草案）》。

1949～1965年 百废待兴，从学习苏联经验 到自主探索时期	1950年，颁布《小学课程暂行标准初稿》
	1956年，颁布了中华人民共和国成立后的第一个《小学自然教学大纲（草案）》，大纲包括两部分："说明"和"大纲"（各年级的内容纲要）
	1963年，颁布了第二个《全日制小学自然教学大纲（草案）》，大纲包括"教学目的和要求""教学内容"等6部分内容
1966～1976年 "文化大革命"与摸索时期	"文化大革命"时期，全国的教育机构和学校普遍陷于半瘫痪状态，此前制定的教学计划、大纲及教材都被否定，全国无统一的学制、教学计划和教材
1977～1985年 拨乱反正、适应转型时期	教育部于1977年、1981年、1984年和1986年先后颁布了四个小学科学大纲，在这一时期通过汲取以前的实践经验，学习发达国家的科学课程理论，已经初步形成科学教材教法体系
	1981年，教育部颁发《全日制五年制小学教学计划（修订草案）》，将课程名称恢复为"自然"
1986～1999年 普及九年义务教育的 多元探索时期	1986年，我国颁布了《中华人民共和国义务教育法》，实行九年制义务教育
	1992年，国家教育委员会颁发了《九年义务教育全日制小学自然教学大纲（试用）》，规定从小学一年级就开设自然课
2000年至今 关注科学素养的新课程 改革时期	2001年，颁布了《全日制义务教育小学科学（3～6年级）课程标准(实验稿)》
	2011年，颁布了《义务教育初中科学课程标准（2011年版)》，根据新课标的规定，该学科的名称由原来的"自然"改为"科学"
	2017年，《义务教育小学科学课程标准》修订出台，科学课成为小学阶段与语文、数学一样的重点科目
	2022年，我国颁布了《义务教育科学课程标准（2022年版)》，实现了小学与初中科学课程的贯通，开启了我国小学科学教育的新篇章

图 2-1　小学科学课程标准发展史

《小学自然教学大纲（草案）》规定，一到四年级不单独开设自然课程，在语文教学当中学习生物自然，五、六年级开设自然课程学习无生物自然，卫生保健教育占6个课时。大纲提出了课程目标：小学讲授自然的目的，在教给学生初步的自然科学知识的同时，促进学生的全面发展（潘洪建，2012）。1963年颁布了《全日制小学自然教学大纲（草案）》，该大纲包括"教学目的和要求""教学内容"等 6 部分内容。由于一至四年级去掉了自然或常识课，只规定了五至六年级的自然教学任务，其目的任务与 1956 年的《小学自然教学大纲（草案）》基本相同，但更多地强调扩大学生的知识领域，培养学生爱科学的品德，为学生进一步学习和将来参加劳动准备必要的基础。这一版大纲内容比较全面、细致，结构完整，操作起来也有章可循。这一时期的小学科学课程标准以知识为中心，重视知识与逻辑，但忽视了学生本身的发展。

（二）"文化大革命"与摸索时期（1966～1976 年）

这一时期，全国的教育机构和学校普遍陷于半瘫痪状态，此前制定的教学计划、大纲及教材都被否定，全国无统一的学制、教学计划和教材，各地自编的《科学常识》实际上是"停课闹革命"，且大部分不符合小学生的认知规律和客观需要，导致科学教育质量大幅度下降。

（三）拨乱反正、适应转型时期（1977～1985 年）

教育部于 1977 年、1981 年、1984 年和 1986 年先后颁布了四个小学科学大纲。1977 年的《全日制十年制学校小学自然常识教学大纲（试行草案）》规定，小学阶段只在最后两年每周开设两课时的自然常识课，首次提出了自然课程的性质，指出"自然常识是小学阶段学生学习自然科学知识的一门主要学科"。在内容上，它不仅包括 50 年代小学自然课的所有内容，还为了"适应现代化的需要"增加了许多当时先进的科学技术内容。1981 年的《全日制五年制小学教学计划（修订草案）》明确指出根据"四化"需要，必须加强小学自然科学常识教育，培养少年儿童从小爱科学、学科学、用科学的志趣（谢恭芹，2008），将"自然常识"更名为"自然"，并从三年级起开设。同年的《全日制小学自然教学大纲（征求意见稿）》，第一次提出自然课不但要对学生进行科学启蒙教育，还要发展学生爱科学、学科学、用科学的志趣和能力。1984 年的《全日制六年制城市小学教学计划（草案）》和《全日制六年制农村小学教学计划（草案）》，对城市小学和农村小学的数学、自然常识、外语、劳动课程各自提出了不同的要求。这一时期通过汲取以前的实践经验，学习发达国家的科学课程理论，初步形成了科学教材教法体系。

（四）普及九年义务教育的多元探索时期（1986～1999 年）

1986 年我国颁布了《中华人民共和国义务教育法》，实行九年制义务教育。

1995 年，"科教兴国"战略的提出、网络的普及等都迫切要求科学教育做出相应的调整。这一时期颁布了 2 个课程计划、3 个教学大纲，展现了中国科学教育的新蓝图，从指导思想到教材、教法都开展了全面的改革。"一纲多本"开始实施，"一纲"指中小学各学科的教学大纲（或教学纲要），"多本"指根据教育部颁布的教学大纲，由人民教育出版社等组织编写出版的多种版本的教材，这些都促进了小学科学课程走向多元化道路。1988 年起草的《九年义务教育全日制小学自然教学大纲（初审稿）》规定，小学自然从一年级开始在各年级设置。1992年颁布的《九年义务教育全日制小学自然教学大纲（试用）》将自然学科确定为"义务教育小学阶段的一门重要基础学科"，并初步建立了一套适合我国国情的小学自然课程结构化体系。

（五）关注科学素养的新课程改革时期（2000 年至今）

2000 年，随着基础教育改革的全面启动，教育部组织成立了各学科的课程标准研制组，正式承担新课程标准的制定工作。2001 年颁布的《全日制义务教育小学科学（3～6 年级）课程标准（实验稿）》标志着从"自然"课程到"科学"课程的转变，科学课作为独立的课程模块进入小学课堂，极大地提升了科学课在整体课程结构中的地位，据此标准编写的实验教材首先在全国 38 个课程改革实验区试行。2003 年，全国实验区增加至 380 个，2004～2005 年进入课程改革推广阶段。课程标准以培养小学生的科学素养为主要目标，在课程理念、内容、教学方法等方面都做了一些探索和创新。2007 年，对《全日制义务教育小学科学（3～6 年级）课程标准（实验稿）》进行修订完善；2017 年出台《义务教育小学科学课程标准》，科学课成为小学阶段与语文、数学一样的重点科目；2022 年颁布《义务教育科学课程标准（2022 年版）》，该标准衔接了小学和初中科学课程，实现了九年一贯制的义务教育科学课程的总体设计，标志着我国小学科学教育翻开了新的篇章。

二、2017 年版《义务教育小学科学课程标准》的理念、目标与内容

2017 年版《义务教育小学科学课程标准》中小学科学课程的基本理念包含以下四个方面。①面向全体学生。小学科学教育是基础教育的重要组成，对学生科学素养的形成起着关键作用。教育要充分尊重每一个学生的学习权利和发展权利，为全体学生提供适合的、公平的学习和发展机会。无论学生之间存在怎样的地区、民族、经济和文化背景的差异，要给每一个学生提供同等的学习机会和资

源，适应学生个性发展的需要，使他们获得良好的科学教育。②倡导探究式学习。小学科学课程倡导以探究式学习为主的多样化学习方式开展教学。科学课程应向学生提供充分的科学探究机会，使他们体验学习科学的乐趣，增长科学探究能力，获取科学知识，形成尊重事实、善于质疑的科学态度，了解科学发展的历史。通过合作与探究的方式逐步培养学生提出科学问题、收集和处理信息、获取新知识、分析问题和解决问题，以及交流与合作等多种能力。③保护学生的好奇心和求知欲。小学科学教育应以培养学生的好奇心、求知欲和科学兴趣为核心，以有趣的科学主题来呈现学习内容。创设积极的学习环境，促使学生主动探究，以满足学生知识、社会和个体需求，使科学学习更富有趣味和意义。④突出学生的主体地位。要基于学生的认知水平，联系学生已有的知识和经验，充分利用学校、家庭、社区等各种资源，为学生创设良好的学习环境，引起学生的认知冲突，引导学生主动探究，启发学生积极思维，强调以学生为主体，关注学生的个体差异和实际需求，激发学生的学习兴趣和动力，引导学生自主学习、自主思考、自主解决问题。

课程目标是教育价值（包括教育目的、教育宗旨）在课程领域的具体化，是课程本身要实现的具体目标。它是预先设定的学生在学习相关课程后认知和能力方面达到的水平。2017年版《义务教育小学科学课程标准》的课程目标由总目标和学段目标两个层次构成，强调从"科学知识""科学探究""科学态度""科学、技术、社会与环境"四个方面阐述总目标与学段目标，再按照不同的领域、要素、维度和关系对这四个方面进行学段目标的详细划分。第一个层次是小学科学课程的总目标，即"培养学生的科学素养，并为他们继续学习、成为合格公民和终身发展奠定良好的基础"，对小学科学课程的具体内容标准以及课程实施建议起着顶层设计的作用。"科学知识"是其他目标的基础，学生通过小学阶段的科学学习，应该在物质科学、生命科学、地球与宇宙科学、工程与技术领域掌握与认知水平相适应的科学知识。"科学探究"是能力培养的必要途径，是学生获取科学知识的重要方式。学生需要基于问题设计研究方案，收集和分析信息形成证据，得出基于证据的结论并表达观点。"科学态度"以及"科学、技术、社会与环境"属于品格和态度层面的培养。"科学态度"希望学生保持好奇心和求知欲，形成实事求是的科学态度，具有创新性思维并善于交流合作。"科学、技术、社会与环境"强调科学与自然界和人类社会的联系，在科学学习的过程中树立环保意识和社会责任感。第三个层次是小学科学课程的学段目标，是对各个分目标的进一步细化，用来描述不同主题和随着年级阶段的增加所需达到的不同要求，包括 1~2 年级、3~4 年级、5~6 年级三个学段。小学科学课程总目标决定课程分目标，课程分目标决定学段目标，它们之间相互联系、相互作用、相互渗透、相互影响。

在内容上，2017 年版《义务教育小学科学课程标准》规定的小学科学课程内容包含物质科学、生命科学、地球与宇宙科学、技术与工程 4 个领域，4 个领域均围绕主要概念组织和呈现具体课程内容，让学生聚焦科学课程中的主要概念进行学习，并采用科学命题的方式来呈现 4 个领域的 18 个核心概念，这 18 个核心概念被细分为 75 个学习内容，并分布在小学 3 个学段的课程中。标准将各领域的课程内容结构图置于每个领域内容的前方，通过内容结构图梳理该领域的主要概念的内在联系，为教师提供教学参考。在每一个主要概念下，课程标准以表格形式呈现出不同学段所需达成的学习目标和单独设立可供小学科学教师参考并使用的活动建议。课程内容的整体性设计对小学科学教师准确把握课程标准中各个领域的课程内容结构、学习目标进阶及其特点，从而提高小学科学教学质量，最终提升小学生的科学素养具有重要作用。此次科学课程学段的重新划分，不仅有利于将科学、技术、社会与环境这个全新的课程目标内容融入小学科学课程体系之中，更有利于阶段知识依照小学生的认知规律进行整合与细化，实现从基础教育开始循序渐进地培养小学生的科学素养这一课程宗旨。

第二节 《义务教育科学课程标准（2022 年版）》概述

《义务教育科学课程标准（2022 年版）》深入汲取了我国科学教育的历史经验，广泛借鉴国际先进教育理念与研究成果，同时顺应全球科学教育发展的最新趋势。本标准紧密结合我国当前科学教育的实际状况和迫切需求，提出了切实可行的解决策略，旨在为我国科学教育的发展提供指导性框架和行动蓝图。本节将对新版课程标准的课程理念、课程目标与课程内容进行细致解读和深入分析。

一、《义务教育科学课程标准（2022 年版）》的理念

《义务教育科学课程标准（2022 年版）》提出了 5 条课程理念，分别是"面向全体学生，立足素养发展""聚焦核心概念，精选课程内容""科学安排进阶，形成有序结构""激发学习动机，加强探究实践""重视综合评价，促进学生发展"。

（1）"面向全体学生，立足素养发展。""课程育人"被明确写入课程理念，科学课是一门以培养学生科学核心素养为宗旨、以实验探究为主要学习方式的综合课程。课程标准中指出，"充分发挥科学课程育人功能，为全体学生提供公平的学习与发展机会，满足学生终身发展和适应社会发展的需要"。科学课程从科学素养向核心素养的转变，标志着培养目标更加全面，更关注跨学科的通识素养的培育，不仅关注学生学习后获得多少知识和技能，还立足培养学生适应未来发展所必需的正确价值观、必备品格和关键能力，体现了"课程育人"的理念，关注的是科学课程对人的全面发展的促进作用。

（2）"聚焦核心概念，精选课程内容。"课程标准"遵循'少而精'原则，聚焦学科核心概念，精选与每个核心概念相关的学习内容，设计相应的系列学习活动，做到适合年龄特征、突出重点、明确要求，确保学生有充足的时间探究、实践与思考，在学习学科核心概念的基础上，理解跨学科概念，并应用于真实情境。根据'六三'学制和'五四'学制各自特点，合理组织与安排课程内容"。为了体现课程的综合性，淡化了四大学科领域的名称，按照核心概念设计课程，并通过学科核心概念的学习促进跨学科概念的形成，从而培养学生的核心素养。要求侧重于技术与工程部分的学习，基于学生的已有知识经验和认知水平，综合利用学科核心概念和跨学科概念，通过跨学科综合实践，解决真实情境中的问题。

（3）"科学安排进阶，形成有序结构。"《义务教育科学课程标准（2022年版）》"将学习内容和学习活动有机整合，规划适合不同学段的、螺旋上升的课程目标和课程内容，设计适合不同学段的探究和实践活动，形成有序递进的课程结构"。这种结构性改造的目的是减轻学生的学习负担，为学生的课堂学习提质增效服务，为学生的学习留出探究实践、创新想象的时间和空间。儿童的认知能力、经验水平、思维水平伴随着年龄的增长而不断发展，这就要求课程目标的制定、课程内容的选择应基于学生认知、经验、思维的发展水平由浅入深、由表及里、由易到难、科学有序地进行设计，充分体现进阶性。其课程目标、内容要求、学业要求、教学提示等都是按照四个学段进行进阶安排和表述的。

（4）"激发学习动机，加强探究实践。"让学生尽可能地经历科学探究和实践过程，引导学生积极地动手、动脑、动眼（观察）、动嘴（口述、讨论、辩论）、动笔（绘画、画图），是科学课程标准一贯的理念。在《义务教育科学课程标准（2022年版）》中，"探究"出现的频次高达357次，"实践"出现的频次高达152次，科学探究是促成学生学会科学地思考，学会运用科学证据，质疑、反驳、辩护、论证、推理和建构自己的科学理论的基本范式。2017年版《义务教育小学科学课程标准》单纯强调探究，而《义务教育科学课程标准（2022 年版）》转向强调探究与实践并重，是一大进步，实践也是科学教育的基本范式。

（5）"重视综合评价，促进学生发展。"在评价方面，《义务教育科学课程标准（2022 年版）》提出，"构建素养导向的综合评价体系……强化过程评价……重视'教—学—评'一体化"。张勇和徐文彬（2023）认为，《义务教育科学课程标准（2022 年版）》重视综合评价，是促进学生发展、构建多元化评价机制、调动学生的积极性行之有效的重要途径，有利于学生创新精神和解决问题能力的培养。评价主体可以是教师、学生、家长、学校管理者、教育主管部门、社区等。评价的内容和形式，要基于科学核心素养进行优化。学生在不断发展的过程中存在个体差异，都有自己的长处和不足。具备可操作性、真实性和具体性的多元化评价为每一位学生找回自信、获得成功提供了有效途径，有利于培养学生的核心素养，让每一位学生全面健康地发展。在科学教学中，教师应当想方设法，构建素养导向的综合评价体系，助力每位学生的终身发展。

《义务教育科学课程标准（2022 年版）》"旨在培养学生的核心素养"，与《义务教育初中科学课程标准（2011 年版）》和 2017 年版《义务教育小学科学课程标准》强调培养学生的科学素养相比，进一步彰显了育人性、结构性、进阶性、探究实践性和综合性等特征。具体而言，在课程理念上，《义务教育初中科学课程标准（2011 年版）》提出要"面向全体学生，立足学生发展，引导学生逐步认识科学的本质，体现科学探究的精神，反映当代科学成果"，2017 年版《义务教育小学科学课程标准》提出要"面向全体学生，倡导探究式学习，保护学生的好奇心和求知欲，突出学生的主体地位"。而《义务教育科学课程标准（2022 年版）》在此基础上有所发展，提出了"面向全体学生，立足素养发展""聚焦核心概念，精选课程内容""科学安排进阶，形成有序结构""激发学习动机，加强探究实践""重视综合评价，促进学生发展"的课程新理念（张勇和徐文彬，2023）。

2017 年版《义务教育小学科学课程标准》虽然体现了学习的进阶性，但这一特点在《义务教育科学课程标准（2022 年版）》中更为突出，具体体现为其课程目标、内容要求、学业要求、教学提示等都是按照四个学段进行陈述的。《义务教育初中科学课程标准（2011 年版）》和 2017 年版《义务教育小学科学课程标准》都非常重视学生科学探究能力的培养，强调以学生自主探究的方式改进课堂教学。《义务教育科学课程标准（2022 年版）》进一步强调"倡导以探究和实践为主的多样化学习方式，让学生主动参与、动手动脑、积极体验，经历科学探究以及技术与工程实践的过程"。

二、《义务教育科学课程标准（2022 年版）》的目标

《义务教育科学课程标准（2022 年版）》明确指出科学课程目标基于核心素养理念确立，反映了共同素养和科学课程的独特育人价值。在课程目标部分新增并详细阐述了核心素养内涵，指出，"科学课程要培养的学生核心素养，主要是指学生在学习科学课程的过程中，逐步形成的适应个人终身发展和社会发展所需要的正确价值观、必备品格和关键能力"。核心素养包括四方面：科学观念、科学思维、探究实践和态度责任。"科学观念是在理解科学概念、规律、原理的基础上形成的对客观事物的总体认识。科学观念既包括科学、技术与工程领域的一些具体观念，如对物质、能量、结构、功能、变化的认识；也包括对科学本质的认识，如对科学知识的可验证性、相对性、暂时性的认知，对人与自然关系的认识，以及对科学、技术、社会、环境之间的认识；还包括科学观念在解释自然现象、解决实际问题中的应用。"科学观念有别于科学知识，观念比知识更高位、更抽象，观念是由知识做支撑的。观念是客观事物在人的大脑里留下的概括性认识，而科学观念是对自然界中客观事物的存在方式及其发展变化的概括性认识。面对自然世界的不同领域，科学分化为物理学、化学、生物学、地理学等各个学科。各学科不同的本体规定和认识逻辑，产生了不同领域的科学观，科学观念是科学课程本质属性的集中体现，是其他素养的基础（叶宝生和董鑫，2023）。课程标准总目标中提出"掌握基本的科学知识，形成初步的科学观念"的要求，并将其具体解释为"初步认识科学的本质；掌握与认知水平相适应的科学知识，初步形成基本的科学观念，并能用于解释有关的自然现象、解决简单的实际问题"。科学观念作为一种素养，不仅仅是知识，还必须包括对知识的应用，只有把科学观念应用于实践，真正用于解决实际问题，才能体现素养的特点。

科学思维是指学生"能合理分析与综合判断各种信息、事实和证据，运用证据与推理对研究的问题进行描述、解释和预测，初步的推理与论证能力"。史加祥（2023）提出，科学思维萌发于古希腊，其两大基石是理性思维与逻辑思维。理性思维是在认识客观世界的过程中处理所获得的直观信息时采取的方法，如观察、比较、判断、推理等；而逻辑思维是抽象的思维形式，如辩证、创新等。科学思维是科学的核心特点，对科学的发展与进步有着重要的意义，同时也指导与影响着探究实践方法的形成与发展。科学思维不仅是学生学习科学必备的关键技能，也是适应现代社会发展的核心思维方式，而且可以迁移到其他领域，是科学

课程核心素养的重要组成。科学思维是从科学的视角对客观事物本质属性、内在规律及相互关系的认识方式，证据是支撑学生认识正确的支柱。在学生科学学习过程中，教师要始终注重让学生及时搜集证据、整理证据、呈现证据，用证据支撑自己的观点，并通过重复检测、验证来证实探究中发现的证据，使学生不仅主动意识到证据在探究活动中的重要性，而且逐步建立证据与解释之间的关系，提出自己的合理见解。这也是学生科学学习中科学思维和科学精神的集中体现。喻伯军（2022）指出，科学思维作为核心素养是科学课程标准的一大亮点，不仅能针对当前科学教育中学生思维能力发展不足的问题提供明确的指导，还能够促使科学探究走向纵深。科学探究是科学课程的重要特点，科学思维是科学探究的核心，将科学思维作为核心素养，可以避免科学探究流于形式，更有利于深度学习的发生、探究成效的提高，以及学生核心素养的协调发展。科学思维包括模型建构、推理论证、创新思维三个要素。

模型建构体现在以经验事实为基础，对客观事物进行抽象和概括，进而建构模型；运用模型分析、解释现象和数据，描述系统的结构、关系及变化过程。沈伟云（2023）指出，模型建构思维是一种重要的科学行为与思维方法。推理论证体现在基于证据与逻辑，运用分析与综合、比较与分类、归纳与演绎等思维方法，建立证据与解释之间的关系并提出合理见解。推理论证主要是指运用分析与综合、比较与分类、抽象与概括、归纳与演绎等方法对收集的信息与证据进行梳理，是承接学生探究实践，形成高级思维不可或缺的中介过程，也是学生核心素养目标能否达成的关键。科学思维中的创新思维体现在："从不同角度分析、思考问题，提出新颖而有价值的观点和解决问题的方法。"科学探究是人们探索和了解自然、获得科学知识的重要方法，已经成为一种重要的科学教学方法。不管教学过程如何变化，由于学习本质上是一种思维活动，有效的科学探究过程和目标的实现都离不开思维的参与，因此，科学教学过程应引发学生积极思维，突出动机激发，构建认知冲突，引导自主建构，鼓励自我监控，并进行反思与迁移。课程标准突出了科学探究的本质，特别重视发展学生通过探究式学习来提升科学思维。

探究实践主要指"在了解和探索自然、获得科学知识、解决科学问题，以及技术与工程实践过程中，形成的科学探究能力、技术与工程实践能力和自主学习能力"。探究实践包括科学探究和工程实践两个方面，以及三个重要能力：科学探究能力、技术与工程实践能力和自主学习能力。"科学探究能力体现在：理解科学探究的一般过程和方法；提出科学问题，并针对科学问题进行合理猜想与假设；制订计划并搜集证据，分析证据并得出结论；对结果进行解释与评估；准确表达观点，反思探究过程与结果。技术与工程实践能力体现在：了解技术与工程实践的一般过程和方法，针对实际需要明确问题，提出有创意的方案，并根据科学原理或限制条件进行筛选；实施计划，利用工具和材料进行加工制作；根据实际效果进行修改迭代；用自制的简单装置及实物模型验证或展示某些原理、现象和设想。自主学习能力体现在：自主确定学习目标、选择学习策略、监控学习过程、反思学习过程与结果。"

态度责任维度的总目标确定为：树立基本的科学态度，具有正确的价值观和社会责任感。科学态度是科学课程要培养的学生核心素养的重要维度，也是科学教育固有的教育价值。科学态度主要包括几个方面：第一，对待自然。对自然现象保持好奇心和探究热情，乐于参加观察、实验、制作、调查等科学活动，并能在活动中克服困难，完成预定的任务。第二，对待科学。具有基于证据和推理发表自己见解的意识；乐于倾听不同的意见和理解别人的想法，不迷信权威；实事求是，勇于修正与完善自己的观点；在科学学习中运用批判性思维大胆质疑，善于从不同角度思考问题，追求创新。第三，对待他人。在科学探究活动中主动与他人合作，积极参与交流和讨论，尊重他人的情感和态度。为了便于理解和实践，科学态度可以具体从探究兴趣、实事求是、追求创新和合作分享四个方面描述。

核心素养的四个维度既相互独立又相互促进，以科学观念为基础，将科学思维、探究实践和态度责任相结合，形成系统完整的核心素养体系，使学生在学习科学课程的过程中形成适应个人终身发展和适应社会发展的综合能力与必备品格。科学观念是科学课程本质属性的集中体现，是其他素养要求的基础；科学思维是从科学的视角对客观事物的本质、规律与关系的认识方式，也是适应现代社会发展的核心思维方式，而且可以迁移到其他领域，是科学课程中最重要的核心素养发展要求；探究实践是学生形成其他素养要求的主要途径，同时是一种关键能力；态度责任是学生基于对科学观念的深度理解，在探究实践的支撑下，通过科学思维内化而形成的必备品格，是社会主义核心价值观在科学课程中的集中体现。

相比之前的课程标准，《义务教育科学课程标准（2022年版）》在课程总目标和学段目标两方面都进行了优化。在总目标上，围绕核心素养理念单独设定，四条目标呼应核心素养的四个方面，更加清晰简洁。总目标的主要变化体现在三个方面。一是立足学生核心素养发展。科学课程的学习不是简单教给学生一些科学知识、技能和方法，而要在理解和运用科学知识、技能和方法的过程中培养学生适应个人终身发展和社会发展所需的正确价值观、必备品格和关键能力。因此，课程目标表述的落脚点是如何促进学生形成核心素养，而不是单纯的"知识+技能+情感态度价值观"。在学段目标上，以核心素养四方面为主线设置，突出综合课程的特点，不再凸显学科特性，将科学知识融合，符合培养综合人才的时代特点。课程目标围绕科学观念、科学思维、探究实践、态度责任四个方面核心素养分别进行了不同学段目标的描述和呈现，使学段目标与学生核心素养培养紧密结合，让教师明确不同学段应该培养学生什么样的核心素养。这种目标呈现方式与《义务教育初中科学课程标准（2011 年版）》和 2017 年版《义务教育小学科学课程标准》相比具有更强的结构性、一致性和进阶性。例如，2017 年版《义务教育小学科学课程标准》的课程目标使用了领域、要素、维度、关系四种分类标准，分别描述科学知识，科学探究，科学态度，科学、技术、社会与环境四个方面的学段目标，有教师反映这种呈现方式略为复杂，不够简洁明晰。各学段目标中最明显的新增内容尤其突出了对于科学思维的培养，主要包括三方面：模型建构、推理论证和创新思维。这有助于学生学会使用批判性思维看待客观事物和思考问题（李荣和马勇军，2022）。

在核心素养方面，2017 年版《义务教育小学科学课程标准》和《义务教育科学课程标准（2022 年版）》都直接提出发展学生科学素养和核心素养的总目标，都体现了素养取向。但 2017 年版《义务教育小学科学课程标准》的总目标是从知识与技能、过程与方法、情感态度与价值观三个维度阐明具体目标的，而《义务教育科学课程标准（2022 年版）》围绕科学课程要培养的学生核心素养来确定各核心素养的学段目标，描述了具有科学素养的人的综合表现，为学生核心素养的发展提供了明确的方向和路径；同时课程标准首次加入了技术与工程的目标，并明确了各个学段所应达成的技术与工程目标，在小学科学课程标准中凸显STEM 教育理念，加强科学与社会、科学与其他学科的联系，着力于培养学生解决实际问题的能力（叶德伟和何沂琳，2022）。

三、《义务教育科学课程标准（2022 年版）》的内容

《义务教育科学课程标准（2022 年版）》引入了大观念、大任务或大主题驱动的问题式学习、项目学习、主题学习、任务学习等综合教学形式，重构了课程内容，优化了呈现方式，使各部分内容彼此间建立有机联系，实现"少而精"，做到"纲举目张"。课程标准明确提出了围绕核心概念进行教学的要求，凝练了

13 个核心概念和 4 个跨学科概念，形成了一个整体架构。学科核心概念属于大概念范畴，是位于学科中心的概念性知识，包括重要概念、原理、理论等的基本理解和解释，这些内容能够展现当代学科图景，是学科结构的主干部分。一个学科核心概念包含多个次位的概念，这些重要的次位概念即为该学科核心概念的学习内容。胡卫平和刘守印（2022）认为，义务教育科学课程是一门体现科学本质的综合性基础课程，基于《义务教育科学课程标准（2022 年版）》的精神与要求，科学课程坚持核心素养导向，13 个学科核心概念覆盖了 1～9 年级科学课程全部学段的知识内容，是所有学生在义务教育阶段应该掌握的科学课程的核心内容。学科核心概念作为课程标准学习内容的主干，对课程内容设计和课程教学具有重要价值。《义务教育科学课程标准（2022 年版）》的课程内容以学科核心概念为单元进行组织，在学科核心概念统领下对具体学习内容进行了结构化呈现，并"将科学观念、科学思维、探究实践、态度责任等核心素养的培养有机融入学科核心概念的学习过程中"。

《义务教育科学课程标准（2022 年版）》的一个显著特征是在课程内容结构上做了进一步优化，旨在解决原有课程内容相对碎片化、松散化、知识点过多和冗余、内容不够精练，以及由此导致的日常教与学过程中的机械训练、死记硬背和题海战术，师生教和学的负担过重，学生主动性、好奇心、创造力、想象力被压制的问题。该标准加强了学段内容的一体化设计，通过核心素养的凝练和课程内容的结构化，有效清理、归纳知识点，实现了增效与提质。与之前的课程标准相比，《义务教育科学课程标准（2022 年版）》具有以下特点。

第一，精简了课程内容，2017 年版《义务教育小学科学课程标准》课程内容涵盖 18 个核心概念、75 个学习内容、207 个学习目标。而《义务教育科学课程标准（2022 年版）》的课程内容结构，在前两版课程标准的基础上进行有效整合，形成了统领课程内容的 13 个学科核心概念和 4 个跨学科概念，4 个跨学科概念包括物质与能量、结构与功能、系统与模型、稳定与变化，让学生以学习核心概念为基础，在更深层次地理解跨学科概念的同时，对课程内容要求、学业要求、教学提示都进行了 4 个学段的划分，体现出明显的进阶、衔接结构。此外，为了应对课程内容过于繁杂的现状，以学科核心概念统整课程内容，对旧版课程标准中的课程内容进行整合、调整，删减次要内容，同时增加了反映科技新成就与专题教育要求的相关内容。

第二，强化了内容的综合性。取消物质科学、生命科学、地球宇宙科学以及技术工程等学科领域的界限，加强它们之间的相互联系。学生以学习核心概念为基础，再更深层次地理解跨学科概念。这一点新增突破原有领域的限制，有助于学科间的相互关联，促进学生认识科学本质以及对课程内容的整体把握与运用，体现了其科学课程的综合性，增强了内容与育人目标的联系。例如"人类活动与环境"核心概念，将其他核心概念中关于人类与环境相互关系的内容，如物质科学中的水、空气等相关环境污染问题，生命科学中的野生动物和濒危植物的保护等生态相关内容都纳入本概念中。此外，通过 4 个跨学科概念实现 13 个学科核心概念更上位的整合。跨学科概念体现学科之间的联系和共同思想、方法等，反映科学、技术、工程更上位的概念。跨学科概念能够促进不同领域知识之间的联系，将来自不同学科的知识连接到一起，反映不同学科知识的本质特征，有助于为学生提供一个统一框架，并且具有较广域的解释功能。

第三，凸显科学观念。学科核心概念是具体知识和一般性概念抽象的结果，是更上位的概念，能够凸显课程内容体现的科学观念。例如，"物质的结构与性质"这一核心概念包括物质具有一定的特性与功能、空气与水是重要的物质、金属及合金是重要的材料、常见的化合物、物质由元素组成、物质由微观粒子构成、常见物质的分类 7 项学习内容，引导学生认识自然界常见物质的元素组成、微粒构成，以及物质的主要性质、功能及用途。通过该学科核心概念的学习，学生形成物质多样性、物质的构成、不同组成与结构的物质具有不同的性质、物质的性质决定了其功能与用途等科学观念。

第四，强调内容实践性。《义务教育科学课程标准（2022 年版）》以核心素养为导向，将科学观念、科学思维、探究实践、态度责任 4 个方面核心素养的培养有机融入学科核心概念的学习过程，很好地解决了《义务教育初中科学课程标准（2011 年版）》和 2017 年版《义务教育小学科学课程标准》中科学核心概念的学习与学生素养培养存在一定程度的"割裂"的问题。此外，《义务教育科学课程标准（2022 年版）》还强调基于培养学生核心素养的要求，选取与学生生活经验、社会需求相联系的课程内容。课程方案还要求强化学科间相互关联、推进工程与技术实践，提出原则上各门课程用不少于 10% 的课时设计跨学科主题学习。基于课程方案的要求，反映现代科学、技术与工程相互影响、高度融合的趋势，《义务教育科学课程标准（2022 年版）》设置"技术、工程与社会""工程设计与物化"2 个学科核心概念，在前 11 个学科核心概念的科学原理指导下进行设计与制作，经历明确问题、设计方案、实施计划、检验作品、改进完善、发布成果等活动与过程，理解技术与工程的性质和特点，技术与工程对人们生活、生产和社会的影响，科学、技术、工程的相互影响，并形成初步的技术与工程实践能力。

第五，注重内容进阶。科学课程将小学各学段与初中科学课程打通，进行一体化设计。脑科学、认知科学的研究表明，学生的认知及思维发展是有阶段性的。学生对某一学科核心概念的认识不是短时间内能完成的，要经过一个较长时间的学习过程，逐步深入。基于学习进阶理论，以学生的认知水平、知识经验和兴趣特点为依据，遵循学习规律与学科规律，课程内容由浅入深、由表及里、由现象到本质，分为 4 个学段。例如，1～2 年级重点认识事物的具体现象与外部特征，3～4 年级重点认识事物的现象和事件发生的条件及过程，5～6 年级重点认识事物的结构、功能、变化与相互关系，7～9 年级逐渐认识事物的本质，从外部特征到本质属性，从了解现象到应用解释现象与解决问题，逐渐形成对科学概念全面与较深入的认识。在课程内容的呈现上，每个学段的学科核心概念之下都分为内容要求、学业要求和教学提示 3 部分，内容要求板块包括 3 个学段的具体学习内容和学生应达到的学业标准。教学提示板块包括教学策略建议和学习活动建议，增强了课程的指导性和可操作性，强化了"怎么教"的具体指导。

第三节 《义务教育科学课程标准（2022 年版）》的指引

当前科学教育的趋势强调学习进阶、高阶思维和真实情境的结合，这一整合性教学策略能够为学生带来深刻且连续的学习体验。《义务教育科学课程标准（2022 年版）》能够很好地反映这三个核心教学指导原则，致力于推动学生科学核心素养的全面提升。这三个关键指导原则共同作用于科学教学的每一个层面，通过对它们的综合，激发学生的探究精神，培养他们的创新和实践能力。

一、《义务教育科学课程标准（2022 年版）》中的学习进阶

2004 年，《加拿大科学、数学和技术教育杂志》专刊发表关于学生长期科学概念发展的学习进阶研究报告，这是科学教育领域第一次正式提出"学习进阶"（learning progressions）的概念。2007 年，美国国家研究理事会指出，学习进阶是对学生连贯且逐渐深入的思维方式的描述。在较大时间跨度内（6～8 年），学生学习和研究某一概念或主题时，思维方式是依次进阶的。科学学习是一种将科学解释概念化的过程，这一过程可以通过学习进阶的形式表现出来，学习进阶实质上就是对核心概念的理解的逐级深入和持续发展。以整合的概念体系为核心，

围绕少数概念进行深入探究的进阶学习，能够提高科学教育的质量，促进学生科学素养的发展。通过学习进阶，发展学生对核心概念的理解，帮助学生形成良好的知识结构，深度理解科学概念，提高解决问题的能力，已经成为当代基础教育科学课程改革的核心理念。

学习进阶的路径是一个逐渐累积、日臻完善的过程，应突出核心概念在课程内容中的中心地位，加强课程内容的贯通性。课程开发应围绕核心概念组织"少而精"的课程内容，从而有利于学习者的深度学习以及思维的纵深发展，有利于学习者对核心概念的深度理解，有利于学生建构有效的知识结构，实现知识的有效迁移。学生对科学概念的理解存在多个不同的中间水平，学生需要经历这些水平才能不断发展。布鲁纳（J. Bruner）的螺旋式课程设计、维果茨基的最近发展区理论，以及强调学习者具有先验经验的建构主义学习理论，都从不同方面强调了学生在学习中的不同水平，提出了不同的教学策略。学习进阶整合了以往的研究成果，强调在一定的时间跨度内，借助恰当的教学策略，学生对某一核心知识的理解及其运用将会逐渐发展、日趋成熟。

《义务教育科学课程标准（2022 年版）》基于学生的认知水平和知识经验，科学安排学习进阶，形成有序结构。在学习内容上应由浅入深、由表及里、由易到难，注重从简单到综合，将学习内容和学习活动有机整合，规划螺旋上升的教学内容，形成有序递进的教学设计结构。以"海洋保护"为主题的学习进阶活动为例，贯穿整个小学与中学科学教育。"海洋保护"活动关注海洋污染，属于"人类活动与环境"这一核心概念。小学阶段关注看得见的海洋污染，即海洋中的物理污染，如塑料、原油等；初中阶段则在此基础上学习看不见的海洋污染，即海洋中的化学污染，如重金属；随着学生对海洋污染的进一步了解，在高中阶段学习海洋中复杂的生物污染。小学阶段的具体活动结合学生的真实生活情境，通过"塑料袋都去哪了？"这一项目驱动性问题进行引入，让学生在完成项目的过程中了解塑料的性质，追踪一只塑料袋从生产到分解的过程，讨论塑料的便利和海洋污染之间的关系。让学生完成相应的项目研究报告，制作项目行动方案及海报，并对项目完成过程中遇到的问题提出解决方案等成果。让学生在完成项目的过程中达到以下目标：能够了解塑料作为一种材料的常见特性；能够了解塑料制品的生产、使用、废弃和分解的过程；能够理解并举例说明塑料制品给生活带来的便利；能够理解并举例说明塑料制品对海洋产生的污染；能够理解食物链与食物网的相关概念；能够运用食物链与食物网解释塑料制品对海洋产生的污染如何影响人类，并探讨可能的解决方法；评估塑料制品的便利性与可能带来的问题；能够设计并宣传减少塑料袋使用的方案。

在初中阶段，学生将在了解海洋物理污染的基础上，进一步深化对海洋污染的认识，深入学习海洋化学污染知识。首先，通过引入化学污染的基本概念，激发学生的基础认知。接着，以化学元素循环为核心主题，引导学生探索化学污染对海洋生态系统的影响。通过"鱼翅真的富含营养吗？"来激发学生的探究兴趣，作为学习的起点。随后，学生将学习并识别排放到海洋中的主要化学污染物类型，并深入理解它们的性质、特点及其对海洋生物的影响。在综合理解阶段，学生将追踪重金属元素的流动，解释其富集和循环过程，并探讨海洋自净机制的能力和局限性。最后，在应用与宣传阶段，学生将设计宣传材料以提高公众对鲨鱼保护的意识，并通过讨论和反思，深入理解无限制排放对海洋自净能力的影响及其对海洋生态系统的潜在威胁。这一学习过程不仅增加了学生的科学知识，还培养了他们的探究能力和环保意识。高中阶段则在之前的基础上让学生深入探究海洋中除了物理和化学污染外存在的更复杂的生物污染，例如，使用"大闸蟹也是一种污染吗？"这一问题促使学生思考和探究，从而进一步丰富学生对海洋污染的认识，并理解生物污染的成因及其可能引发的一系列后果，同时，讨论过度捕猎、物理和化学污染、全球变暖与生物污染之间的关系。

二、《义务教育科学课程标准（2022 年版）》中的真实情境

随着我国基础教育新课程方案和各学科课程标准的颁布，"情境"作为课程的重要组织方式，价值日益显现，尤其在通过真实情境的创设来组织课程内容和测评方面，有突出意义。《义务教育课程方案和课程标准（2022 年版）》强调应积极开展主题化、项目式学习等综合性教学活动，注重真实情境的创设，增强学生认识真实世界、解决真实问题的能力。发展学生素养，要注重真实情境的设计，利用真实生活实际问题加以引导。首先，核心素养各个要素的培养与发展都需要依赖于情境教学，良好的教学情境有助于学生轻松地认识和理解所学知识，能够最大限度地调动学生的各种感官，是真正符合学生认知规律的教学措施。只有当学习在有意义的情境之中发生时才能激发学生的认知需求，使学习真正发生。素养的形成和发展与情境存在密不可分的关系。素养是一种复杂、高级、综合、人性化的能力，其形成与发展只能在智力、情感和道德的真实情境之中。倘若离开真实情境，可能有知识技能熟练，断无素养发展。随着信息时代的到来，知识的情境性日益增强。核心素养的培养与发展，离不开情境学习。情境学习，即通过学徒制与导师制，基于真实的、现实世界的任务而学习（Lave & Wenger，

1991）。这一方面是指将知识与真实的、现实世界的情境连接起来去学习，另一方面是指学习者能够与特定领域的专家结成共同体，接受专家的指导，对真实任务进行"合法的边缘参与"，由此从事真实的学习。正是在真实的情境和真实的学习中，知识才得以创造，素养才获得发展。其次，素养超越情境。唯有将知识植根于情境，才能找到知识学习的意义，促进素养发展。学习情境与所学习的材料能够得以应用的现实生活情境相类似，那么学习就能得到最大化，另外，素养一经形成，又能超越具体情境的限制，广泛应用于不同情境之中，而且适应情境的不断变化。知识的迁移性孕育着素养的迁移性。这意味着促进素养发展的知识学习需要与多样化的情境相联系，使其迁移性获得最大化。张华（2016）认为，核心素养的形成与发展需关注虚拟环境及其对教育和人的发展的影响。21世纪社会环境和学习情境的一大特点是虚拟环境和现实世界的互动与融合。借助信息技术，人们不仅可以超越时间、空间、身份限制与人交往，由此扩大与加深自己的经验，而且可以模拟和创造现实世界不可能存在的事物和现象，从而扩充和增强现实世界。教育只有正确处理对虚拟情境的认识，才能有助于学生核心素养的形成与发展。

《义务教育科学课程标准（2022年版）》指出，要通过创设真实情境来提高课程的实施水平，让学生在真实世界中提升解决真实问题的能力。这是新时代实践育人价值的根本要求。"实践育人"，是指在实践中培养具备实践能力的时代新人。实践育人有两种主要方式：一种是通过直接的实践活动培养人；另一种是通过创设真实情境开展教学培养人。真实情境教学的目的在于以学生的生活作为联系知识的纽带，并以此为核心来组织教学活动，最终成为一种具有真实性、情境性、综合性、活动性的教学方式。真实情境的真实性来自生活的复杂性与多样性。学生的学校生活与现实生活、社会实践有着千丝万缕的密切联系。教师在创设教学情境时，既要了解和熟悉学生的共同生活特点，又要了解和熟悉学生个体的个性化生活特点，让真实情境的多样性与复杂性都得到体现。教师只有以学生的生活世界为基础来创设真实情境，才能真正激发学生学习的兴趣，并能有效地将学生的直接经验与间接经验联系起来，使学生在真实情境中解决真实问题。情境性是指学生的思维发展要基于真实的情境，该情境要能驱动学生持续学习。在情境中，学习与学生的生活相联系，课堂成为学生成长的地方。学生甚至可以走出课堂，将学习置于更广阔、更真实的社会情境当中。情境在此具有明显的统整学生经验与学科知识的作用。情境之于知识，才能被吸收。真实情境教学的综合性主要体现在三个方面。首先，真实情境教学能促进学科知识和能力的提升，打破单篇教学内容的限制，甚至打通不同媒介、走向融合的动态生成性教学。同时，随着多样化的真实情境教学对学生能力训练增多，学会学习成为重要一环。其次，真实情境教学也能实现不同学科知识的融合。情境取材于真实的生活，真实生活中的问题往往具有复杂性、综合性，需要调动多个学科领域内的知识与技能才能解决。因此，以真实情境为导向的教学能够实现不同学科知识的统整。最后，真实情境教学还能将课堂知识与社会生活相结合。情境教学要回归生活世界，就要让学生将知识与生活实践相联系，在实践中学习。综合的教学是与割裂的教学相对的，是一种整体育人的教学取向。真实情境的活动性是指学生的生活是学生真实生命所经历的过程，与学生的家庭生活、学校生活、社会生活有着密切联系。传统教学与学生的生活缺乏关联，因而缺少活动性。真实情境教学的活动性旨在解决教学与学生生活的关系问题，其根本途径是个体参与实践活动，与情境互动，即在课堂教学活动中，除了用讨论、问答等方式让学生参与教学活动，还要鼓励学生开展实验探究、情境体验等活动，尤其是要学生通过学科实践活动和综合实践活动来解决真实问题（王鉴和张文熙，2023）。

杨洋等（审稿中）在中、英、美三国中小学科学学科考试比较中对这三个国家的测试题目进行了分析。其中，测试题目的情境创设分为真实情境、虚拟情境、虚假情境和无意义情境。真实情境是指来自真实世界的真实问题和这一问题的情境；虚拟情境是指题目情境模拟真实情境或者抽象化模拟真实情境；虚假情境是指问题中所构造的情境违背现实；无意义情境是指问题情境与题目解答没有直接关系。例如，美国 2021 年的小学科学测试题目，通过给出一个月中真实的月相图，考察月相变化现象的规律。

三、《义务教育科学课程标准（2022 年版）》中的高阶思维

高阶思维内涵与结构的演化是对课堂教学目标和学科教学形态的具体反映。高阶思维最早由美国心理学家布鲁姆提出，他指出高阶思维是与简单的记忆和复述相对的知识重组等心理过程。目前，学界普遍认同高阶思维具有复杂性、多维性、非线性和不确定性等特征。马淑风和杨向东（2021）认为，高阶思维内涵的演进特征可以归纳为分层进阶说、综合要素说、系统结构说和学习过程说四种类别。

其中，分层进阶说是指高阶思维体现了思维的层次进阶特征。例如，布鲁姆教育目标的认知分类包括知识、理解、应用、分析、综合和评价六类，其中的分析、综合和评价属于高阶思维；安德森（J. R. Anderson）在布鲁姆的基础上做出

了修改，以"创造"替代"综合"来表征高阶思维。马扎诺（R. J. Marzano）的新教育目标分类学承袭了布鲁姆思维发展的递进特征，模糊了个体认识发展的绝对阶层性，通过拓展个体学习中认知思维的空间，兼顾知识领域和认知加工水平的二维交互作用，将认知加工分为认知系统、元认知系统和自我系统三类。高阶思维的综合要素说将其视作一个能力集合，着重描述其组成部分的各类要素，这为高阶思维的"解构式"评估奠定了基础。经济合作与发展组织发布的《教育2030：教育的未来与技能》指出，应将创造性思维、批判性思维、问题解决能力、决策等作为21世纪人才的核心技能。基于各个国际科学测评项目，研究者在21世纪人才核心技能的基础之上，概括出高阶思维能力应包括问题解决、批判性思维、团队协作、沟通以及创造性思维等。因此，问题解决、创造性思维、批判性思维、元认知等被视为高阶思维的关键要素。高阶思维的综合系统说强调各类认知成分的协同与互补作用。高阶思维综合系统说的定义类型与综合要素说相似，但重心不再是组成高阶思维的各种要素成分，而更强调各要素在高阶思维这一综合系统中所承担的结构性功能。因此，高阶思维应包括搜索顺序，并对信息施加意义、批判性思维、解决问题、规划和决策等结构。学习过程说则认为高阶思维并非特定认知情境下一种单独的思维过程，而是分析、创造、综合、关系建立和元认知等一系列认知成分协同作用的复杂思维。在这一过程中，个体进行知识的分析、综合和创造，通过识别不同知识之间的结构相似性，建立先验知识和新信息的对应关系，形成对特定领域一般性的、抽象的、图式化的理解以及当前问题的整合性心智模型，最终指向对不确定性情境或开放性问题的合理应对和解决（马淑风和杨向东，2021）。

　　科学教育中诸如科学方法、科学思维等核心规则具有普适性，但在不同学科的表现形式可能有差异。因此，科学高阶思维应基于高阶思维的本体特质，同时彰显科学知识和实践的领域属性。科学高阶思维是一个动态交互的综合系统，具备高阶思维的层级与系统结构的本体，体现科学学习的认知加工方式与特征，且具备适用于所有学科领域的方法论。科学高阶思维是体现科学实践过程中个体认识加工特征的高水平能力。王晶莹等（2023）认为，科学高阶思维不仅体现高阶思维的本体特质，还体现科学教育的属性特质。科学教育长期以来一直关注高阶思维的培养，美国第一套《国家科学教育标准》和2013年颁布的《新一代科学教育标准》均明确提出通过科学实践达成科学课程的高阶思维培育理念，并将批判性思维、计算思维、比例推理、定性和定量思维等8种思维技能纳入课程目标中。新加坡的《小学科学课程大纲》，以及日本的《小学校学习指导要领》和

《中学校学习指导要领》也提出学生通过科学学习发展他们分析问题、形成个人观点、评价、调查、创造性解决问题等技能。国际中小学科学课程标准对科学高阶思维提升学生的科学推理、科学论证、科学建模等综合能力提出了共同要求。科学高阶思维是科学思维的高阶水平，中小学科学课程标准指出，科学思维是从科学的视角对客观事物的本质属性、内在规律及相互关系展开认识，核心素养导向的新课程标准中的科学思维体现了对其高阶能力的要求，科学推理、科学论证和科学建模是科学高阶思维的主要领域性技能。

高阶思维在真实情境中更容易发生与呈现。例如，在研究温度如何影响种子发芽的探究实践中，学生把 15 颗胡椒种子放在培养皿中的湿纸巾上，这样装有胡椒种子的培养皿共有 8 个，分别放在不同的温度的恒温箱中，学生每天会给每个培养皿加 5 毫升水。第一个问题是"如果不加水，把纸巾弄湿的话，可能会对胡椒种子的发芽产生什么影响"，主要考查学生对影响种子发芽条件的了解掌握情况，属于低阶思维的考察。第二个问题通过表格和柱状图的方式呈现不同培养皿所在环境的温度与种子发芽数量的关系，让学生"预测温度为 25℃时，种子的发芽数量"。这需要学生在对比表格中给出不同温度下种子的发芽数量，并建立二者的关系，然后预测可能的结果。在这一过程中，学生需要从已知的科学命题得出新的结论，需要运用多种高水平认知的复杂活动过程，包括逻辑上的归纳推理以及分析与综合的方法等才能进一步得出答案，反映了科学探究实践过程中的高阶思维。

本章参考文献

胡卫平. 2022. 在探究实践中培育科学素养——义务教育科学课程标准（2022 年版）解读. 基础教育课程，（10）：39-45.

胡卫平，刘守印. 2022. 义务教育科学课程标准（2022 年版）解读. 北京：高等教育出版社.

李荣，马勇军. 2022. 义务教育小学科学课程标准的比较研究——基于 2022 年版和 2017 年版课标的分析. 现代教育，（10）：32-36.

马淑风，杨向东. 2021. 促进高阶思维发展的合作推理式学习. 教育发展研究，（24）：64-73.

潘洪建. 2012. 小学科学课程标准 60 年. 现代中小学教育，（11）：22-25.

沈伟云. 2023. 基于学生科学思维发展的探究问题设计. 基础教育课程，（20）：69-74.

史加祥. 2023. 新课程标准背景下科学思维与探究实践的多元理解. 江苏教育研究，（2）：46-50.

史瑞娣. 2022. 科学课程标准的"十八变". 小学科学,（8）：22-24.

王鉴，张文熙. 2023. 新课标背景下的真实情境教学：内涵、特点及策略. 教师教育学报，（6）：78-86.

王晶莹，周丹华，杨洋，等. 2023. 科学高阶思维：内涵价值、结构功能与实践进路. 现代远距离教育,（2）：11-18.

王涛，宋倩茹，王晶莹. 2021. 我国中学科学课程的百年嬗变：从学科导向到学生为本. 基础教育课程,（23）：25-36.

谢恭芹. 2008. 中国近现代小学科学课程演变研究. 北京：首都师范大学.

杨洋，尚媛媛，刘紫薇，等. 审稿中. 中英美三国中小学科学学科考试比较：核心概念、学习进阶、思维水平和情境创设.

叶宝生，董鑫. 2023.《义务教育科学课程标准（2022 年版）》核心素养中科学观念的内涵与落实——基于自然辩证法思想的理论分析与实践对策. 课程·教材·教法,（2）：123-130.

叶德伟，何沂琳. 2022. 新世纪三版"小学科学课程标准"比较研究. 教学月刊小学版（综合），（Z2）：58-62.

于海波，毕华林，吕世虎，等. 2022. 新课标新在哪——义务教育课程标准（2022 年版）深度解读. 中国电化教育,（10）：1-19.

喻伯军. 2022. 义务教育课程标准（2022 年版）课例式解读：科学. 北京：教育科学出版社.

约翰·杜威. 2020. 我们如何思维. 马明辉译. 上海：华东师范大学出版社.

张华. 2016. 论核心素养的内涵. 全球教育展望，45（4）：10-24.

张勇，徐文彬. 2023.《义务教育科学课程标准（2022 年版）》中课程理念、目标和内容的新变化. 基础教育课程,（3）：4-10.

中华人民共和国教育部. 2017. 义务教育小学科学课程标准. 北京：北京师范大学出版社.

中华人民共和国教育部. 2022. 义务教育科学课程标准（2022 年版）. 北京：北京师范大学出版社.

朱玉军，王香凤. 2024. 科学思维：内涵、要素与方法. 化学教育（中英文），（1）：9-14.

Giere R N. 2004. How models are used to represent reality. Philosophy of Science，71（5）：742-752.

Hjalmarson M A，Holincheck N，Baker C K，et al. 2020. Learning models and modeling across the STEM disciplines//Johnson C C，Mohr-Schroeder M J，Moore T J. Handbook of Research on STEM Education. New York：Routledge：223-233.

Lave J，Wenger E. 1991. Situated Learning：Legitimate Peripheral Participation. New York：Cambridge University Press.

Morgan M S，Morrison M. 1999. Models as Mediators：Perspectives on Natural and Social Science （No.52）. Cambridge：Cambridge University Press.

第三章

小学科学教材分析

学习目标

1. 理解基于课程标准展开小学科学教材分析的角度。
2. 掌握小学科学教材分析的常用角度。
3. 能够参照湘科版小学科学教材分析的案例，展开简单的小学科学教材分析。

知识导图

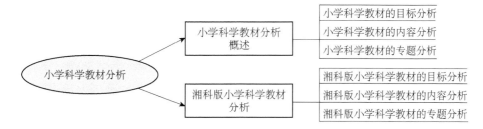

科学教材是承载科学课程标准，连接其与科学课堂教学的纽带。作为科学教育工作者，除了要熟知科学教材的基本内容外，也需要对教材进行更加深入的分析。科学教材分析的角度十分多样化，从科学课程标准出发是很好的开始。在科学课程标准的指导下，对小学科学教材的目标、内容等进行分析，并对比它们与课程标准的一致性，是最常见的科学教材分析模式，这也有助于科学教育工作者进一步理解与熟悉科学课程标准和科学教材。

第一节　小学科学教材分析概述

教科书通常根据特定的课程标准编写，它们以清晰、规范的语言，并且通过图表等方式，系统地呈现学科的教学内容，以反映课程标准和教育目标。教科书的编写由学科专家或教育工作者组成的团队完成，结构通常包括目录、正文、练习题、案例分析、引用文献、注释和附录等多个部分，它们被有条理地组织在一起，形成了一个明确、规范、合理、科学的体系结构，为教师的教学和学生的学习提供基本框架。教材是教育过程中的重要参考资源，有助于教育者有效地传授知识和帮助学生学习。从严格意义上讲，教科书不等于教材，教材概念比教科书概念外延更大，教科书只是教材的一种形式，是学科教学的主要教材。本书采用狭义的教材概念，特指教科书。在口语中，有时也把教科书称为"课本"，本书统一使用"教材"（包括教科书与课本的概念）。小学科学教材是根据小学科学教学任务而选择的具有一定深度和广度的教学体系（范印哲，2003）；是由一定育人目标、学习内容和学习活动方式分门别类组成的可供学生阅读、视听和借以操作的材料（廖哲勋，1991）；也是教师在教授行为中所利用的一切素材和手段，包括标准的教科书，也包括形形色色的图书教材、视听教材、电子教材等，其中教科书是最具有代表性的核心教材（钟启泉，2003）。小学科学教材是学生学习和教师教学的重要依据，其质量和使用方式对小学科学教育的质量有很大影响，分析小学科学教材不仅可以丰富文本研究的理论，对小学科学教材的编写理论具有借鉴意义，也能够提升小学教师与一线科普工作者对小学科学的理解和提升使用教科书的效果。

一、小学科学教材的目标分析

目标是小学科学教材预期要达到的结果，包括总目标、分目标与学段目标。教材所呈现出来的目标要与课程标准保持一致，即培养学生的科学核心素养。在教科版小学科学教材（五年级下册的第一单元）中，用两节课的时间实施"种子发芽实验"，实验从问题开始，"许多植物的新生命是从种子的发芽开始的。种子的发芽需要哪些条件"，接着引导学生根据生活经验推测种子发芽的条件，准备种子发芽的实验。然后让学生进行小组讨论并写出实验计划，再进行多组不同条件的种子发芽实验，在此过程中，学生做好观察记录。第二课再对种子发芽实验的记录进行整理和分析，最后和学生们一起交流得出结论。教科版这个实验的呈现完整地展示了一个探究实践的过程，还培养了学生的观察能力、整理分析能力、小组合作精神等。

对教材目标的分析研究主要分为两类。第一类是从教材本体出发，探索与教材目标相关的要素，例如教材的编写与出版，这类研究更关注读者的需求，往往以学生为中心。钟启泉（2003）则认为教材应具备三大目标，即信息目标、结构化目标、学习指导目标。信息目标强调教材应当传递清晰、准确、全面的信息。教材应该提供所需的知识内容，包括教材正文、图解等，并确保信息的准确性和全面性。这个目标关注教材所包含信息的质量和内容，确保学生能够获取正确的知识。结构化目标着重于教材的组织结构和布局。好的教材应该有清晰的框架和结构，使学生能够更容易地理解和掌握知识。适当的结构能够帮助学生建立知识体系，有助于他们更好地整合所学内容，并更深入地理解和应用知识。学习指导目标关注教材如何引导学生学习。教材设计应该提供有效的学习指导，包括引导学生思考的问题、学习方法、学习策略等。高凌飚（2002）将教科书评价指标划分为知识与科学性、思想品德和文化内涵、认知与心理规律、编制技巧与工艺水平，认为教科书的编写必须符合学科目标。这个评价指标关注教科书所包含的知识内容是否准确、科学、全面。教科书不仅应该传递学科知识，还应该培养学生正确的价值观、道德品质和文化素养，促进他们的全面发展。考虑学生的认知发展和心理规律，教科书的编写需要遵循教学原则和方法，运用合适的教学策略和技巧。

　　上述学者都强调了教材设计需要符合教学目标。无论是激发学习欲望、提供信息和结构化指导，还是满足学科目标，教材设计都应该与教学目标一致，这有助于更好地促进学生的学习和发展。在学生学习方面，以下学者都认识到教材对学生学习的重要影响。他们关注教材如何激发学生学习兴趣、传递知识内容、引导学习方法和满足学科要求。其中，钟启泉（2003）更注重信息传递、结构化和学习指导；而高凌飚（2002）则更着重于评价教科书的多个方面，包括知识性、思想品德和认知规律等。在评价指标方面，均强调了教材的知识性和对学科目标的符合性，但具体的评价细则和重点略有不同，比如高凌飚提出的评价指标更加细致和全面。孔凡哲等（2007）则从教科书研究的方法和质量保障体系方面进行阐述，认为从事基础教育教科书出版的管理者应该充分借鉴八项质量管理原则，加强对教科书质量的监管，理解学科目标，做到以学生为中心、以探究为核心的教育理念要求教材，从而更好地满足学生的学习需求和发展潜力，提高教科书的质量。

　　第二类是研究教科书与外部要素之间的联系。例如，分析教科书在社会中的作用与需求。高维（2009）从教科书研究的教学论取向、课程社会取向、文化政治取向三个方面论述了教科书知识与权力的关系，他认为教科书中的知识并非中立客观的反映，而是社会权力关系作用下建构的产物，体现了主导群体的利益与价值取向。郑清丹（2009）从教科书研究的基本方法和维度出发，提出了教科书研究的哲学视角。作者认为教科书研究的目的应该从教科书解读、静态的教科书文本研究、动态的教科书应用研究三个层次进行划分。研究立场和哲学基础基于多重视角与多元化，在现象学和诠释学融合的视域中把握教科书的实质与内涵，以培养学生的基础科学素养为主，帮助学生了解社会需求是推动科学技术发展的动力，以及科学技术已成为社会与经济发展的重要推动力量，并起到重要作用。徐王熠（2016）针对目前国内对初中科学教材分析研究较少，缺乏整体宏观分析和实践指导的情况，构建了教材分析模型。利用该模型对浙教版①初中科学教材

---

① 浙江教育出版社出版的教材版本。

的教学内容进行了案例分析，为教师深入解读教材内容提供借鉴，促进教师对教材的解读和理解，有助于教师更好地利用教材进行教学，摆脱传统意义的"教教材""读教材"等刻板教学模式。

小学科学教材的主要目标在于以课程标准为导向，帮助促进学生的学习和发展。教材不仅提供学科学习所需的相关资源，还在内容选择、组织结构、编写方式、栏目设计等方面反映出以学生为中心、以探究为核心的教育理念。此外，教材编写过程还注重学生的生活经验，反映学生的认知特点，在激发学生的学习动力和兴趣方面发挥了重要作用。从当前科学教育的主流趋势出发，教材提出了面向全体学生、倡导探究式学习等基本目标。对教材目标的分析与研究发现，我国各个版本的教材总体能够围绕课程标准所规定的要求编写，注重学生本位，以培养学生的科学素养为主，为学生的终身发展奠定基础。

二、小学科学教材的内容分析

《义务教育科学课程标准（2022年版）》提出，小学科学教材内容应"聚焦核心概念，精选课程内容"，即遵循"少而精"原则，在学习学科核心概念的基础上，理解跨学科概念，应用于真实情境。小学科学教材的内容构成教材的不同部分，包括学科内容以及内容的组织方式和表现形式。学科内容不仅包括明确的科学知识，还包括以科学知识为基础的探究实践内容，以及在科学知识中体现的情感态度和责任等内容。内容的组织方式，包括连接方式、组织顺序，以及内容的组织单位（如"单元"和"主题"）和内容的呈现形式。常见的教材内容组织方式包括逻辑式组织（按照逻辑顺序呈现）、主题中心式组织（以主题为中心展开讲解）、能力本位式组织（以培养学生的特定能力为目标）。教材的组织单位通常以"单元"或"主题"来划分不同的学科领域。而教材的表现形式则包括文字描述、图表、实验及练习题等，这些形式有助于传达和巩固学科内容。

例如，教科版小学科学教材在目录的编排方面，采用了图文混排的方式，在目录之前，湘科版小学科学教材呈现了小图标功能说明页，这些小图标对应活动、阅读等文字，起到了解释说明的作用。在课文内容的编排形式方面，教科版小学科学教材使用了较多的图文混排的呈现方式，尤其是小学低年级教材，还采用了较多的手绘卡通图片，没有设置课后练习题目，只是在部分课文设计了可供学生填写的记录表格和一些结论性填空题让学生填写，而各种提问穿插于正文和图片中间。人教鄂教版①科学教材的目录中将2017年版《义务教育小学科学课程

---

① 人教鄂教版是由人民教育出版社和湖北教育出版社联合出版的教材版本。

标准》规定的 18 个核心概念和 75 个学习内容分布在 57 个单元主题中，在一、二年级的单元中，将观察、简单描述和辨别日常物质的特征，知道推和拉是力的作用作为主要学习内容；在三、四年级的单元中，聚焦于需要在测量的基础上对物质特征进行描述，认识到材料的使用和性能有关，描述运动；在五、六年级的单元中，对物质的认识上升到了解常见物质的变化，知道不同能量之间可以互相转化。另外，在每一册都安排了一个专门的技术与工程主题，通过各种小制作让小学生充分体会"动手做"的乐趣，养成通过"动手做"解决问题的意识和习惯。

《义务教育科学课程标准（2022 年版）》设置了 13 个学科核心概念，包含所有学生在义务教育阶段应该掌握的科学课程核心内容，内容要求由浅入深，由表及里，由现象到本质，螺旋上升。小学科学教材围绕学科核心概念展开：①物质的结构与性质；②物质的变化与化学反应；③物质的运动与相互作用；④能的转化与能量守恒；⑤生命系统的构成层次；⑥生物体的稳态与调节；⑦生物与环境的相互关系；⑧生命的延续与进化；⑨宇宙中的地球；⑩地球系统；⑪人类活动与环境；⑫技术、工程与社会；⑬工程设计与物化。

4 个跨学科概念包括物质与能量、结构与功能、系统与模型、稳定与变化。①物质与能量。世界是物质的，太阳系、地球、原子、基本粒子、电磁场等都是物质。不同组成与结构的物质具有不同的性质，物质的性质决定了其功能与用途。生物体是一个在内部和外部不断进行物质循环、能量流动和信息交流与反馈的开放系统，能通过自我调节机制维持稳态。植物可以制造有机物，为其他生物提供食物；动物通过获取其他生物的养分来维持生存。认识物质的组成、结构、性质及用途，有助于学生形成物质与能量、结构与功能、系统与模型、稳定与变化等跨学科概念。教科版六年级下册科学教材共设置 4 个单元，分别为"小小工程师""生物的多样性""宇宙""物质的变化"，分别归属"技术与工程领域""生命科学领域""地球与宇宙科学领域""物质科学领域"。教材通过跨学科概念整合学科知识，引导学生在各领域开展深度学习，理解科学的本质，传承科学精神，激发科学探究兴趣，培养自豪感、责任感、使命感。②结构与功能。学生在学习物质的结构与性质、生命系统的构成层次、地球系统等学科核心概念后，逐渐意识到系统的结构决定了其功能。在技术与工程中，为了实现特定的功能，学生需要设计独特的装置。若结构存在缺陷，则不能充分实现设想的功能，从而使学生对"结构与功能"这一跨学科概念有更深入的理解。③系统与模型。系统是根据研究目的人为界定的，由一些有关联的物体或元素（成分）组成的有序整体。模型是经过处理的简化系统，但能体现原系统的本质特征，是描述和理解系统的有效工具。例如，物质的运动与相互作用方面。物质是运动的，物质的运动包括机械运动、热运动和电磁运动。物体之间存在相互作用力，包括电磁力、万有引力、强相互作用与弱相互作用。④稳定与变化。物质是不断变化的，物质的变化分为物理变化和化学变化。物理变化是物质的状态发生了改变，没有新物质生成；化学变化是物质的性质发生了改变，有新物质生成。化学变化通过化学反应得以实现，其实质是原子的重新组合。化学反应需要一定的条件，合理利用与调控化学反应可以创造新的物质并为人类解决面临的问题。认识物质是变化的，物质的变化伴有能的转化，有助于学生形成稳定与变化等跨学科概念。

对小学科学教材内容分析的研究主要集中在国内不同版本教材和不同国家之间的小学科学教材内容比较。张丹（2012）对比了苏教版①、冀教版②、教科版小学科学教材内容，并将它们与《全日制义务教育小学科学（3～6年级）课程标准（实验稿）》进行比较，分析它们之间的关联性。结果发现，各版教材的侧重点虽然不尽相同，但内容编写与课程标准的总原则保持一致。例如，苏教版中的"关心天气"、冀教版中的"信息与通信""交通运输"、教科版中的"环境和我们""食物"等内容都是和学生生活紧密相连。在不同国家比较研究方面，高霞（2002）对比了中、美两国小学科学教材内容，发现中国人教版教材内容整体由知识、能力和价值观三要素组成，侧重于小单元形式，将同一主题和同一认知水平的教学内容组成一个个小的教学单元，强调理解科学概念；美国STC（Science and Technology for Children，《面向儿童的科学和技术》）教材分为"生命科学、地球科学、物质科学和技术设计"，以探究活动为主线组织内容，强调学生自主探究和合作学习，但单元间联系较弱；崔青青（2018）通过比较中、美两国小学科学课程标准，指出中国小学科学教材主要由物质科学、生命科学、地球与宇宙科学、技术与工程四大领域和其中18个主要概念组成，在内容结构方面采取介绍说明、知识结构图、学习内容相结合的方式呈现出循序渐进的学习过程。

三、小学科学教材的专题分析

学习进阶是"对一段时期内，儿童学习或者探究某主题时，其思维方式的连续且不断精致化发展的描述"（National Research Council，2007）。基于学生的认知水平和知识经验，科学安排学习进阶。一是学习内容由浅入深、由表及里、由易到难，二是学习活动从简单到综合。将学习内容和学习活动有机整合，规划适

---

① 苏教版是由江苏教育出版社出版的教材版本。
② 冀教版是由河北教育出版社出版的教材版本。

合不同学段的、螺旋上升的课程目标和课程内容，设计适合不同学段的探究和实践活动，形成有序递进的课程结构。学习进阶包括 4 个维度：科学观念、科学思维、探究实践和态度责任。以《义务教育科学课程标准（2022 年版）》中的科学观念维度为例，1～2 年级时学习要求为需要认识生活中常见的植物和动物及材料，能够简单描述其主要特征；3～4 年级时学习要求为能够区分植物和动物的主要特征，并对其进行简单分类；5～6 年级时需要认识细胞是生物体结构的基本单位，简单描述生物与生物、生物与环境之间相互依存的关系。

刘晟和刘恩山（2012）提出，学习进阶是关注学生的认知发展和已有的生活经验，是设计中小学科学课程的必然需求。姚建欣和郭玉英（2014）对学习进阶10 年研究进行了回顾与展望，发现科学教育界对学习进阶内涵理解上的差异逐渐消弭，进阶研究在描述学生认知发展过程上取得了阶段性的成果并朝精细化方向发展。学习进阶是一个关于学生认知发展的模型，本身需要不断修正和改进，在学习进阶中融合知识学习与能力培养、学习进阶与教学实践的交互影响等将是后续研究的核心议题。在国内实践应用方面，郭玉英和姚建欣（2016）提出了基于学习进阶的科学教学设计模型并进行实证检验，对学科核心概念和关键能力进行跨学段的描述，逐渐落实到微观教学，认为在教育实践中，学习进阶研究有广阔的发展空间。王磊和黄鸣春（2014）对学习进阶进一步细化，提出了大观念、心理结构的进阶变量和进阶层级、学生表现以及评价示例，并基于以上要素开发出"伯克利的评价研究系统"。同时，作者认为学习进阶具有一定的局限性，即假想预期与实际状态之间的两难，因此研究者需要持谨慎的态度。

科学教育要培养学生从真实的日常生活情景出发，综合运用所学的概念、规律及模型分析常见的实际问题，如生产劳动、环境保护、自然灾害、能源和资源、疾病防控、气候变化、太空开发等。因此，小学科学教材中的情境大部分来自生活中的实际问题，基于生产生活实际的真实情境，将学到的科学知识用于解决真实问题，考查学生解决实际问题的能力。学生在学习了相关知识后，应该能在各种情景及科学和工程实践中演示所学知识。从真实世界中捕获的真实问题和这一问题的情境脉络，真实情境问题解决具有情境性、动态性和交互性，结合生产生活和科学研究中有关物质制备与转化的实际问题，让学生感受科学在创造新物质过程中的重要作用，通过解决实际问题，感受到解决问题中科学的作用，增强学生的社会责任感。

对小学科学教材的真实情境研究主要集中于对其发展的梳理及具体产生的作用上。在真实情境的发展中，蔡亚萍（2011）发现，"任何脱离特定情境或场合的知识都是毫无意义的"。在研究中对真实情境问题的特征、解决的过程、如何进行相关教学设计进行了分析和相关指导，对真实情境的应用实践持肯定态度。胡佳怡（2019）认为，教育越来越突出人的主体地位，不再以知识为主体，于是产生了以学习者为中心的学习，真实情境正是放大学习者的主观能动性，为了使所学的知识技能运用于现实生活问题的解决而必不可少的部分。在实践产生的作用方面，崔允漷（2019）对"真实"的作用进行了详细的阐述，真实情境能够培养学生更好地认识、改造及造福世界，准确衡量关键能力、必备品格与价值观念，在真实情境下的学习能够让学生对知识的意义与感受理解更加深刻。刘晟等（2016）提出，教育的根本目的在于培养学生形成伴随一生的能力，而这些素养的形成，需要学生在真实生活情境中学习并运用相关的知识、技能展开跨学科主题的学习。因此，小学科学教材中的真实情境是培养学生科学核心素养中必不可少的部分。

小学科学教材中的高阶思维指的是让学生自主进行更深层次的思考、分析和推理的能力，致力于激发和培养他们的高阶思维能力。布鲁姆（Bloom et al.，1956）的教育目标将知道、领会、应用三个层次划为低阶思维能力，将分析、综合、评价划为高阶思维能力，鼓励学生运用所学的知识来分析和解决问题。对高阶思维的研究集中在对概念史的梳理及其应用上。例如，王帅（2011）对国外高阶思维及其教学的研究状况进行了考察，认为当今社会更加需要高阶思维人才，它能帮助学生更好地面对将来的生活，激发学生的好奇心和想象力，培养其终身学习能力，在运用高阶思维的过程中，问题解决相伴相生。汤明清（2019）认为，发展学生的高阶思维是新时代培养创新型人才的具体要求，在具体实践中需要特别关注"问题"的设计，问题要适量，善于"留白"，让位于学生思考，提高学生的高阶思维能力。杨丝洁（2018）对高阶思维的本质内涵、基本特征、基本结构与生成机制进行了系统性的分析和归纳性的推理，再结合具体的课堂学习观察从而探究出学生高阶思维的培育路径，认为低阶思维是高阶思维的基础。综上所述，小学科学教材中的高阶思维是一个由浅入深、由表及里、由分到合、由内及外的过程，在教材中应重点体现。

《义务教育科学课程标准（2022 年版）》还指出，科学探究是探索和了解自然、获得科学知识、解决科学问题的主要途径。科学探究涉及提出问题、做出假设、制订计划、搜集证据、处理信息、得出结论、表达交流和反思评价等方面。例如，李雁冰（2008）从概念史的角度澄清科学探究的基本内涵和发展趋势，认为小学科学教材中的科学探究具有 5 个特征：形成问题—获取证据—形成解释—

评价解释—交流解释。这种对"探究"的理解体现了"科学即基于证据的解释"的新科学观，是我国科学教育的必然发展方向。高霞（2002）对中、美两国小学科学教材中科学探究的体现进行了比较分析，从价值取向、整体结构、单元结构、课文结构4个方面对中国小学自然教材进行了分析，认为其侧重于对过程性技能的培养，忽略了对能力的综合运用的培养；美国小学科学教材注重对学生整个科学探究能力的培养，包括提出问题的能力、提出假设的能力、制订调查计划的能力、交流分享自己思想的能力等，认为科学教材应该重视学生的科学探究能力培养，教材的编写应从引导学生提出问题开始，让学生根据自己已有的知识和经验作出假设，然后通过做科学探究活动，取证、分析、分享所学知识。张守林（2004）通过对国内外科学探究理论的梳理，发现探究基本都包括科学问题的提出、科学事实和资料的收集、猜想和假设的建立、检验与评价、表达与交流等基本要素。他认为，小学科学教材的编写应参考"两变一扩展"的方法，即变验证性实验为探究性实验，变常规活动为科学探究活动，扩展现有的科学探究活动。

第二节　湘科版小学科学教材分析

湘科版小学科学教材依据国家义务教育阶段科学课程标准编写，在内容选择上覆盖了 2017 年版小学科学课程标准中的三个领域（科学探究、情感态度与价值观、科学知识）和五个方面（科学探究、情感态度价值观、生命世界、物质世界、地球与宇宙），将科学探究的方法独立出来，作为每册书的最后一个单元。在内容安排上注重各年级学生的认知水平，都是由易到难进行安排，难度适中，符合学生的年龄特征。

一、湘科版小学科学教材的目标分析

湘科版小学科学教材依据教材编写的"六性"原则，着眼于学生终身学习和发展的需求，基于学生知识背景与认知发展规律，以培养学生核心素养为宗旨，以学生能亲历的科学探究与工程实践活动为途径，以评价为导向，对标对点全面落实《义务教育科学课程标准（2022 年版）》理念和要求，充分挖掘和利用科技发展史的教育功能，突出探究在科技发展历程中的意义和价值，强调科学、技术与人类社会发展的关系，激发儿童与生俱来的好奇心和求知欲，培养他们热爱自然、珍爱生命进而热爱科学的态度。

在科学观念维度，湘科版小学科学教材希望学生认识常见物体的基本外部特征和生活中常见的材料。一年级上册第一单元"从观察开始"，找物体的相同和不同、给物体分类是对学生了解科学基本特征的初步培养。在一年级上册第二单元"探访大自然"中，引导学生从认识周边常见的植物。在二年级上册第二单元"动物的反应"中观察动物，能简单描述植物和动物外部的主要特征与生长过程，知道植物和动物的生存需要环境条件。首先就其观察主体而言，它是以存在的事实为研究对象，以客观的事实为出发点的；其次就其内容而言，是对客观事物本身所具有的本质及其规律性的真实反映。

科学思维维度包括掌握分析与综合、比较与分类、抽象与概括、归纳与演绎、联想与想象等基本的思维方法及其在科学领域的具体应用。例如，在三年级下册第四单元"植物的秘密"中，学生在教师指导下观察校园中的植物，比较植物之间外在特征的不同点和相同点；根据植物的外在特征，对根、茎、叶、花、果实、种子六种植物器官进行分析，初步分清观点与事实，根据问题提出假设，具有提供证据的意识。在四年级上册第一单元"声音"中，首先让学生辨听各种声音，通过观察研究声音是怎样产生的，寻找物体发声的共同点，接着根据自己的观察，与同伴交流"声音是怎么产生的"。学生在学习声音的过程中，可能会产生一系列问题，比如为什么有些声音大而有些声音小，声音是如何传播的，等等（图3-1）。通过提出问题，他们开始形成对声音的假设，这培养了科学思维中的提问和假设能力。学生通过学习声音，可能会接触到一系列概念和规律，如声音的传播需要媒介，不同媒介的传播速度不同等。在此过程中，学生需要进行归纳总结，整理所学知识，培养科学思维中的整理和概括能力。

在探究实践维度，要求学生掌握观察、实验、测量、推理、解释等科学方法，形成科学探究意识，并具备初步的科学探究能力。例如，在三年级下册第四单元"植物的秘密"中，了解简单工具的功能和使用方法，能利用身边的材料和简单工具动手完成简单的任务，能发现作品中存在的问题并尝试提出解决方案。研究种子的萌发让学生主动提出萌发因素的假设并说明理由，制订研究计划，验证假设。经过实践操作后用证据与学生们交流说明种子的萌发与哪些因素有关，具有简单交流、评价探究过程和结果的意识，最后进行总结反思，初步养成良好的学习习惯。在四年级上册第三单元"影子的变化"中，为了让学生更好地学习和亲身体验光与影的变化，设置了让学生自制日晷的活动，介绍了日晷的来历和作用后，用简单的卡纸材料组装制作日晷来测量时间。这有助于培养学生的科学思维、观察能力和实验技能，同时也能激发学生对科学的兴趣。学生通过制作日

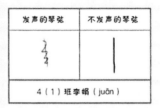

图 3-1　观察发声的物体

资料来源：湘科版小学科学教材，2020 年 7 月第 1 版，四年级上册，第 4 页，于 2024 年 6 月 19 日截图

晷，需要观察太阳的位置与光影的变化，并设计实验来验证日晷的准确性。这有助于培养学生观察、记录和实验设计的能力。制作日晷涉及太阳的运动和地球的自转，学生通过实际操作能更好地理解这些天文现象，而不仅仅是通过书本上的文字。在制作日晷的过程中，学生需要注意太阳影子的位置与时间的关系。这有助于培养他们对时间的认知，并学会通过简单的工具测量时间。

在态度与责任维度，湘科版小学科学教材引导学生了解生活中常见的科技产品能给人类生活带来的便利，树立珍爱生命、节约资源和保护环境的意识。例如，在一年级下册中，在好奇心的驱使下，通过让学生观察动物，对常见自然现象或生活现象表现出直觉兴趣，给动物分类，联系到动物和我们的关系，动物为人类做贡献，引导学生思考"我们能为动物做什么呢"，能如实记录观察到的信息，愿意倾听他人的想法，乐于分享和表达自己的想法，引导学生珍惜和保护动物。在"地球是我们的家园"这一主题下，低年级学段认识地球上的物体和现象，即水、空气、天气、土壤、植物、动物，这些构成了我们的家园；中年级学段了解地球上水的三态变化、天气的变化、动植物一生的周期变化、岩石和矿物的形成等，这些描述了我们的家园是什么样的；高年级学段懂得了地球在太阳系的位置、地月系统、自转公转对人和生物的影响、生物多样性及生态平衡、地球能源的终极来源、保护环境、珍惜地球资源等，这些说明了为什么要保护我们唯一的家园——地球，将保护环境、珍惜资源内化为学生的品质。

二、湘科版小学科学教材的内容分析

湘科版小学科学教材分为 12 册，在内容上涵盖了 13 个学科核心概念、4 个跨学科概念，其中物质科学、技术与工程、地球与宇宙科学、生命科学的概念在低、中、高学段均有涉及。针对同一概念的学习，湘科版小学科学教材依据布鲁纳关于儿童的智力发展阶段进行了螺旋结构多次反复编排，引导学生层层递进，完成建构。例如，在物质科学核心概念"空气与水是重要的物质"方面，教材采用了三螺旋进阶编排方式。第一螺旋（一年级下册第一单元"水"）——比较特征：观察描述水的颜色、形状等特征；第二螺旋（三年级下册第二单元"水的三态变化"）——理解水的三态现象和变化条件：观察比较水三态在形状、体积、物质等方面的异同，实验观察水结冰、沸腾时的温度、影响因素；第三螺旋（六年级上册第二单元"水的循环"）——形成概念，对比分析知道温度是导致水的状态发生变化，形成雨、雪、雾等天气现象的原因。

在教材的整体内容上，低年级学段的学习内容强调运用感官和简单工具观察比较常见的动植物、物品的外部特征，生活中常见的自然现象（太阳、月亮、天气）等内容，区分自然物与人造物，会模仿制作简单的物品，知道常见简单工具的结构与功能。培养学生的好奇心，通过观察和操作活动，让学生对自然界产生兴趣，并学会用简单的科学语言描述他们的发现。中年级学段的学习内容重点引导学生通过观察、实验、调查等方式，认识自然界中研究对象的特征或属性、运动形式，探究发现自然、实验现象和事件发生的条件、过程、原因等内容，会设计并制作小乐器、指南针、纸等简单的科技产品。通过探究活动，提高学生的科学思维能力，使学生能够运用科学方法（观察、提问、实验、数据收集和分析）解决简单问题。高年级学段则侧重于在中年级学段内容深化扩展的基础上，帮助学生自主探究事物的系统与平衡、结构与功能、作用与变化、能量与转化、生物与环境等方面内容。学习并运用发明方法，会建造起重机、桥梁等工程模型。加深学生对科学概念的理解，发展复杂的科学思维和问题解决能力，同时培养学生使用科学知识理解世界和作出决策的能力。

例如，技术与工程核心概念"技术与工程创造了人造物，技术的核心是发明，工程的核心是建造"，在低年级学段，让学生学习"工具的使用""力与形变""多样的人造物"的实践体验活动，学会使用锤子、安全剪刀、放大镜等简单工具，应用身边的材料和工具，制作简单的手工作品，如捡针器、尺子、捡球器等，再通过研究削笔刀的发展，给学生播下发明的种子；在中年级学段，引领学生尝试运用科学原理，使用常见的工具设计和制作指南针、人体呼吸模型、小乐器、纸、听诊器（图3-2）等简单作品，简化实物模型，了解司南、蔡伦造纸等中国古代技术，以及北斗卫星导航系统、供电系统、磁悬浮列车等现代工程；在高年级学段，通过"我爱发明"单元体验式学习，让学生知道技术发明的常用方法，并尝试创新发明一种产品，再通过"信息的传递"（五年级上册第六单元）、"小小起重机"（五年级下册第六单元）、"我们来造桥"（六年级上册第五单元）等单元的探究实践活动，让学生知道工程以科学和技术为基础，知道工程通常由多个系统组成。

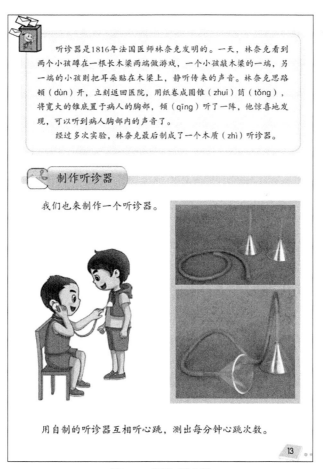

图 3-2　制作听诊器

资料来源：湘科版小学科学教材，2020 年 7 月第 1 版，四年级上册，第 13 页，于 2024 年 6 月 19 日截图

湘科版小学科学教材内容还强调科学技术与人的关系、科学与生活的关系。例如，湘科版四年级下册中，从学生日常生活中可能遇到的生活情景出发，展开"电"这一单元，能够从一开始就引起学生的兴趣，也体现了科学与生活的关系。另外，"电与我们的生活"和"安全用电"两节内容也和学生生活中接触到的各种"电"的知识相联系，对生活经验不是很多的小学生来说是很有用的，更贴近生活实际。

三、湘科版小学科学教材的专题分析

（一）学习进阶

湘科版教材设计从最简单的能力开始，对学生的思维能力进行循序渐进的培养，分别对低年级、中年级和高年级提出不同的要求。在一、二年级，学生的思维还具有直观性、形象性、易感受性等特点，思维水平较低，教学目标侧重于培养学生的比较和分类的能力，这是一切思维活动的基础；在三、四年级，学生的思维水平有了一定的发展，教学注重培养学生的抽象概括和归纳演绎能力；而到了五、六年级，则侧重于培养学生的分析综合认识各种复杂自然事物的能力。例如，在低年级学段，对学生的初步要求为多进行观察，观察常见的具体动物的外形特征和活动方式，如一年级下册"形形色色的动物"和二年级上册"动物的反应"两单元。在中年级学段，对学生的要求从观察进阶为认识，认识昆虫类、鱼类、两栖动物的特征。例如，在三年级上册中安排了"各种各样的动物"，介绍了昆虫、鱼、鸟、哺乳动物、珍稀动物，在四年级下册中安排了"动物的一生"，专门介绍以蚕宝宝为例的昆虫。在高年级学段，进一步要求让学生知道动物生活所必需的环境条件，如在六年级上册中安排了"生态系统"，介绍了自然界的生态平衡。

学习进阶包括三个维度：科学观念、科学思维、探究实践。在科学观念上，在低年级学段，对学生的要求为知道并描述生活中常见的植物和动物及材料，能够简单描述其主要外在特征。例如，一年级上册第一单元"走进科学"让学生从观察开始，以此为证据找出物体的相同点和不同点。在中年级学段，学习要求进阶为能够区分植物和动物的主要特征，知道自然规律是可以被认识的，并对其进行简单分类，初步解释现象发生的原因。例如，在三年级上册第二单元"各种各样的动物"中，对各种动物的主要特征进行了讲解。在高年级学段，进一步提升学生认识细胞是生物体结构的基本单位，简单描述生物与生物、生物与环境之间相互依存的关系。例如，在五年级上册第三单元"地表的变化"中，通过各种地貌和地表相关资料让学生们去推测地表发生的变化，以及改变地表的力量，了解地震、海啸、火山爆发等地表活动，最后回归到人类活动对地表的影响（表3-1）。

表 3-1　科学观念维度的学习进阶

年级	要求	例子
低年级	知道并描述生活中常见的植物和动物及材料，能够简单描述其主要外在特征	一年级上册第一单元"走进科学"让学生从观察开始，以此为证据找出物体的相同点和不同点；第二单元"探访大自然"让学生学会考察身边的大自然，在科学的概念上形成对客观事物的总体认识。二年级上册中的"溶解"让学生认识到"溶解"这一科学现象的客观存在
中年级	能够区分植物和动物的主要特征，知道自然规律是可以被认识的，并对其进行简单分类，初步解释现象发生的原因	三年级上册第二单元"各种各样的动物"，对各种动物的主要特征进行了讲解。三年级下册第四单元"植物的秘密"，带领学生认识和探索植物的"身体"
高年级	认识细胞是生物体结构的基本单位，简单描述生物与生物、生物与环境之间相互依存的关系	五年级上册第一单元"我们的脑"，让学生学习人体的脑。第三单元"地表的变化"，通过各种地貌和地表相关资料让学生们去推测地表发生的变化，以及改变地表的力量，了解地震、海啸、火山爆发等地表活动，最后回归到人类活动对地表的影响

在科学思维上，对低年级的学生要求为对现象和事物的构成要素有所了解，比较描述具体现实与事物的外在特征，从多角度提出观点的意识，提出多种想法，并根据研究问题提出假设或观点，具有提供证据的意识，如一年级下册第三单元"形形色色的动物"。在中年级学段，进一步对学生科学思维进阶为能够在教师的引导下，描述具体现象与事物结构，使用模型解释简单的科学现象，在研究问题上需要建立事实与观点之间的联系，提出支撑性的证据，利用控制变量法设计简单的实验。例如，三年级上册第一单元"空气的研究"针对空气的研究让学生们认识并学会使用天平，设计关于"称量空气是否有质量"的实验计划。在高年级时，则进一步要求为能分析、解释简单模型所涉及的各个要素及结构，通过分析、比较、综合等方法，抓住简单事物的本质特征，使用与模型解释有关的科学现象和过程（表3-2）。例如，五年级上册第四单元"物质变化"关于生锈的现象，首先观察铁和铁锈，找出颜色、光泽等方面的区别，针对铁生锈的原因设计对比实验，解释铁生锈的不同原因（图3-3）。

在探究实践上，针对低年级学生，初步需要他们具有提出问题、收集信息和得出结论的意识，以及简单交流与评价探究过程和结果的意识。例如，一年级下册第一单元"水"中首先从"观察水"开始，让学生思考水是什么样的。通过

表 3-2　科学思维维度的学习进阶

年级	要求	例子
低年级	对现象和事物的构成要素有所了解，比较描述具体现实与事物的外在特征，从多角度提出观点的意识，提出多种想法，并根据研究问题提出假设或观点，具有提供证据的意识	一年级下册第三单元"形形色色的动物"，让学生从身边常见的动物入手，进行科学的观察，提取动物的特征，学生可以根据动物各有不同的特征去学习辨认和寻找共同特征
中年级	能够在教师的引导下，描述具体现象与事物结构，使用模型解释简单的科学现象，在研究问题上需要建立事实与观点之间的联系，提出支撑性的证据，利用控制变量法设计简单的实验	三年级上册第一单元"空气的研究"，针对空气的研究让学生们认识并学会使用天平，设计关于"称量空气是否有质量"的实验计划，根据有气的皮球和无气的皮球来进行简单的实验
高年级	能分析、解释简单模型所涉及的各个要素及结构，通过分析、比较、综合等方法，抓住简单事物的本质特征，使用与模型解释有关的科学现象和过程	五年级上册第四单元"物质变化"关于生锈的现象，首先观察铁和铁锈，找出颜色、光泽等方面的区别，针对铁生锈的原因设计对比实验，解释铁生锈的不同原因

图 3-3　观察铁和铁锈

资料来源：湘科版小学科学教材，2021 年 7 月第 1 版，五年级上册，第 41 页，于 2024 年 6 月 19 日截图

"比较水的多少"来收集不同数据刻度杯子中的水的量，一步步探究出结果。中年级学段，进一步要求学生具有从具体现象或事物中提出探究问题，以及基于已有经验和知识制订简单探究计划的能力。例如，四年级上册第五单元"运动与力"，通过两个生活中常见的现象"人在运动"和"汽车在运动"来提出"谁在运动？"的问题，从小车实验中分析静物与小车之间的位置变化来得出结论。高年级学段，进一步要求学生初步具有从事物的结构、功能、变化及相互关系等角度提出探究问题和制订比较完整的探究计划的能力。例如，六年级上册第一单元"生态系统"，从吃与被吃认识食物链、食物网，引导学生研究生态平衡，并一起制作生态瓶，通过学生们的两种不同设计方案，最后比一比哪组生态瓶维持时间最长，以及思考如果生态瓶失败，原因是什么（表 3-3）。

表 3-3 探究实践维度的学习进阶

年级	要求	例子
低年级	初步需要具有提出问题、收集信息和得出结论的意识，以及简单交流与评价探究过程和结果的意识	一年级下册第一单元"水"，首先从"观察水"开始，让学生们思考水是什么样的。通过"比较水的多少"来收集不同数据刻度杯子中的水的量，一步步探究出结果
中年级	初步具有从具体现象或事物中提出探究问题，以及基于已有经验和知识制订简单探究计划的能力	四年级上册第五单元"运动与力"，通过两个生活中常见的现象"人在运动"和"汽车在运动"来提出"谁在运动？"的问题，从小车实验中分析静物与小车之间的位置变化来得出结论
高年级	需要初步具有从事物的结构、功能、变化及相互关系等角度提出探究问题和制订比较完整的探究计划的能力	六年级上册第一单元"生态系统"，从吃与被吃认识食物链、食物网，引导学生研究生态平衡，并一起制作生态瓶，通过学生们的两种不同设计方案，最后比一比哪组生态瓶维持时间最长，以及思考如果生态瓶失败，原因是什么

（二）真实情境

湘科版小学科学教材在内容上选择了学生生活中所必需的基础知识，而且按由近及远、由具体到抽象的原则，从生活中的情景出发来组织和呈现内容，体现了注重情景引入、贴近学生生活的特色。"科学世界向生活世界回归"，是现代哲学的普遍趋向。对学生来说，生活世界同样不可或缺，而且具有重要的课程教学意义。这是因为，一方面，生活世界是构成学生各种认识和观念的主要来源，学生在客观世界中获得的真理性认识必须根植其中，赋予其以丰富素材，才能实现完整的认识活动；另一方面，生活世界可以帮助学生获得求发展的内在动力，科学认识只有真正与生活结合在一起，才能使学生真切感受到生活的美好和知识的魅力，从而对生活产生由衷的热爱和对知识的渴求，并自发形成驱动追求美好、自我完善的原动力。湘科版小学科学教材体现了这一思想,其特色之一就是注重情景引入,贴近学生生活。教材在内容的选择与安排上,按照小学生由近及远、由具体到抽象的认识顺序,从学生生活中的事物与现象入手,从学生原经验和知识背景出发,创设一定的问题情境,开展一系列的探究活动,让学生在活动中领悟科学知识,学会探究技能,形成科学的情感态度价值观,最后将所学知识发展性地迁移到生活中去。例如,一年级上册第一单元"走进科学",通过引导学生从身边的校园展开探究活动,充分调动学生对科学的兴趣和求知欲,使他们通过自己与真实的周围生活环境的相互作用,初步感受到科学的魅力,体验到成功的愉悦。

另外,各册教材的其他单元也均以"学生的生活经验"为线索,力求从学生常见的科学现象出发,立足于学生已有的生活经验、学习兴趣和发展需要,通过情景引入,引导学生提出问题,循序开展科学探究活动。比如,在四年级上册第五单元"运动与力"中,根据生活中的现象提出问题,进行情景引入"谁在运动""风车是怎样运动的""怎样比较运动的快慢",然后设计活动,让学生感受到生活中的运动,引发学生的兴趣,再进行相关的探究活动,最终获取知识。活动的材料选择也尽可能采用学生身边的物品,在"运动与力"单元,选取的材料是学生生活中常见的弹簧和橡皮筋等物品。在四年级上册第三单元"影子的变化"中,让学生观察阳光下影子的变化,最后亲手制作日晷,这是一个实际的问题,学生需要解决如何精确观察太阳位置、调整日晷的角度等问题,有助于培养学生解决实际问题的能力(图3-4)。总之,教材形成了一个符合认知规律和学生思维发展规律、贴近学生生活的有机整体。

(三)高阶思维

湘科版小学科学教材中的高阶思维激发学生进行更深入的思考、分析和推理,而不仅仅是简单地记忆和应用知识。教材旨在培养学生独立思考和解决问题的能力,鼓励他们将所学知识运用到实际情境中,并进行深入的分析和思考。高阶思维的培养不仅包括对事物本质的深入理解,还涉及对问题的多角度思考和解决方案的创造性提出。例如,在二年级下册第三单元"四季"中,让学生结合自己的生活经验,说一说对四季的认识,在简单地交流和介绍四季的特征后,让学生自己查找资料,主动思考和了解更多季节变化对人们生产和生活的影响。在四年级下册第三单元"生物与环境"中,让学生根据各种现象分析环境与生物的关系,从下雨后蚯蚓钻出土壤这一现象切入,让学生自主设计实验来研究"土壤

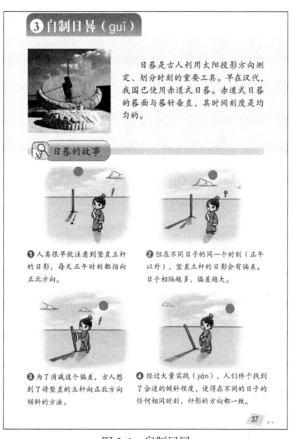

图 3-4　自制日晷

资料来源：湘科版小学科学教材，2020 年 7 月第 1 版，四年级上册，第 37 页，于 2024 年 6 月 19 日截图

中含水量的改变，会影响蚯蚓的生活吗？"主题，通过观察蚯蚓在湿度不同的土壤中的反应进行分析，结合之前学习过饲养动物的经验，让学生自主设计实验。在六年级上册第六单元"创造与发明"中，让学生根据大自然的启示并结合科学原理进行创造和发明，观察现今汽车、飞机和其他交通工具设计中的流线型，这种设计能够减少空气或水的阻力，从而使物体移动更快、更经济。这一设计灵感来自大自然的启示。教材并未直接提供结论，而是让学生自己设计实验计划，以验证这一理论的真实性（图 3-5、表 3-4）。

（四）科学探究

科学探究是探索和了解自然、获得科学知识解决科学问题，以及技术与工程实践过程中，形成的科学探究能力、技术与工程实践能力和自主学习能力。科学探究方法包括提出问题、猜想与假设、制订计划、观察、实验和制作、搜集整理

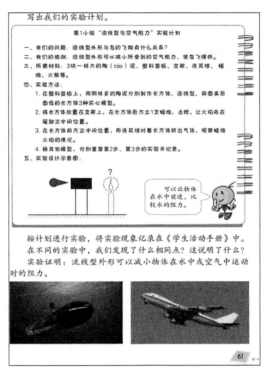

图 3-5 "流线型外形"实验计划

资料来源：湘科版小学科学教材，2019 年 6 月第 1 版，六年级上册，第 61 页，于 2024 年 6 月 19 日截图

表 3-4 教材中的高阶思维

年级	教材目录	例子
低年级	二年级下册第三单元"四季"	让学生结合自己的生活经验，说一说对四季的认识，在简单地交流和介绍四季的特征后，让学生自己查找资料，主动思考和了解更多季节变化对人们生产和生活的影响
中年级	四年级下册第三单元"生物与环境"	让学生根据各种现象分析环境与生物的关系，从下雨后蚯蚓钻出土壤这一现象切入，让学生自主设计实验来研究"土壤中含水量的改变，会影响蚯蚓的生活吗？"主题，通过观察蚯蚓在湿度不同的土壤中的反应进行分析，结合之前学习过饲养动物的经验，让学生自主设计实验
高年级	六年级上册第六单元"创造与发明"	让学生根据大自然的启示并结合科学原理进行创造和发明，观察现今汽车、飞机和其他交通工具设计中的流线型，这种设计能够减少空气或水的阻力，从而使物体移动更快、更经济。这一设计灵感来自大自然的启示。教材并未直接提供结论，而是让学生自己设计实验计划，以验证这一理论的真实性

信息、思考与作出结论、表达与交流等方面。在二年级下册第五单元"多彩的人工世界"中，学生通过亲手制作认识到人工世界的作用，大家一起制作扇子，学生们互相交流并画出自己的想法，对做扇子要用到的材料、如何组装等都一一设

计出来，再将自己的想法付诸实践变为实物，对初步成形的扇子也没有就此止步，而是精益求精，说一说自己作品的优缺点，并改进作品（图3-6）。最终根据作品呈现思考人们在如今世界为了降温纳凉所发明的人工用具及其优缺点。在五年级下册第二单元"微生物"中，学生学习完微生物相关知识后，通过调查"微生物对人类的影响"，制订完整的调查计划，让学生自己制订包括确定调查题目、调查步骤、调查分工、采访提纲、小组汇报等在内的调查计划。通过收集和分析信息获取证据，各小组进行汇报，有效表达并与他人交流自己的探究结果和观点，分析微生物对人类的利弊，进一步理解生活中防霉技术的应用、青霉素等。在六年级上册第五单元"我们来造桥"中，让学生主动考察生活中的桥梁，模拟现实生活中的桥梁投标过程来设计桥梁，自己思考需要用到的材料及如何加工制作，根据自己的综合思考，编写桥梁设计投标书。随后，按照自己组的设计方案，购买材料制作，通过不断测试和改进来完善桥梁作品。最后，学生互相交流，评审各组建造的桥梁是否符合招标要求。

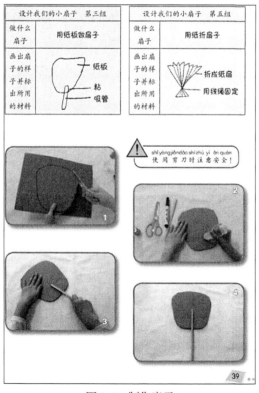

图3-6　制作扇子

资料来源：湘科版小学科学教材，2018年12月第1版，二年级下册，第39页，于2024年6月19日截图

探究性体现在教材以科学探究为核心组织，以学生的自主探究为主线。从纵向上看，科学探究与学科内容恰当地穿插或融合，科学技能结合知识内容在各分册中有所侧重，在下文的教材特色分析中将详细介绍科学技能在各册教材中的安排情况。从横向上看，每个主题单元的基本单位是探究活动，湘科版小学科学教材把科学知识的学习贯穿在学生的探究活动之中，并且每册都设置了一个综合探究单元，引导学生梳理、总结、提升全册的科学技能训练重点。

本章参考文献

蔡亚萍. 2011. 基于真实情境问题解决的教学设计. 电化教育研究，（6）：73-75，80.

崔青青. 2018. 中美最新小学科学课程标准比较研究. 扬州：扬州大学.

崔允漷. 2019. 如何开展指向学科核心素养的大单元设计. 北京教育（普教版），（2）：11-15.

范印哲. 2003. 教材设计导论. 北京：高等教育出版社.

高凌飚. 2002. 基础教育教材评价——理论与工具. 北京：人民教育出版社.

高维. 2009. 教科书研究的三种取向——兼论教科书知识与权力的关系. 教育导刊，11：8-10.

高霞. 2002. 科学探究在中、美两国小学科学教材中体现的比较研究. 南京：南京师范大学.

郭玉英，姚建欣. 2016. 基于核心素养学习进阶的科学教学设计. 课程·教材·教法，（11）：64-70.

胡佳怡. 2019. 真实性：项目式学习的本源. 中国教师，（7）：77-79.

孔凡哲，张恰，等. 2007. 教科书研究方法与质量保障研究. 长春：东北师范大学出版社.

李雁冰. 2008. 科学探究、科学素养与科学教育. 全球教育展望，（12）：14-18.

廖哲勋. 1991. 课程学. 武汉：华中师范大学出版社.

刘晟，刘恩山. 2012. 学习进阶：关注学生认知发展和生活经验. 教育学报（2）：81-87.

刘晟，魏锐，周平艳，等. 2016. 核心素养如何落地——来自全球的教育实践案例及启示. 人民教育，（20）：60-67.

汤明清. 2019. 指向高阶思维的课堂提问策略探究. 基础教育课程，（19）：41-47.

王磊，黄鸣春. 2014. 科学教育的新兴研究领域：学习进阶研究. 课程·教材·教法，（1）：112-118.

王帅. 2011. 国外高阶思维及其教学方式. 上海教育科研，（9）：31-34.

徐王熠. 2016. 初中科学教材分析模型研究：建构与应用. 杭州：杭州师范大学.

杨丝洁. 2018. 学生高阶思维的培育路径研究. 成都：四川师范大学.

姚建欣，郭玉英. 2014. 为学生认知发展建模：学习进阶十年研究回顾及展望. 教育学报，
（5）：35-42.

张丹. 2012. 小学科学（3～6 年级）教材比较及其与《标准》相关性研究：以"冀教版"、"苏
教版"、"教科版"为例. 成都：四川师范大学.

张守林. 2004. 科学探究活动设计的研究. 南京：南京师范大学.

郑清丹. 2009. 教科书研究的哲学审视——基于方法论的维度. 长沙：湖南师范大学.

中华人民共和国教育部. 2022. 义务教育科学课程标准（2022 年版）. 北京：北京师范大学出
版社.

钟启泉. 2003. 现代课程论（新版）. 上海：上海教育出版社.

Bloom B S，Engelhart M D，Furst E J，et al. 1956. Taxonomy of Educational Objectives：The
Classification of Educational Goals，Handbook Ⅰ：Cognitive Domain. New York：David
McKay Company.

National Research Council. 2007. Taking Science to School：Learning and Teaching Science in Grades
K-8. Washington：The National Academies Press.

Gagné R M. 1985. The Conditions of Learning and Theory of Instruction. New York：Holt，Rinehart &
Winston.

第四章

深入理解课程标准
与教材的分析方法

学习目标

1. 理解内容分析的原理与分类。
2. 掌握内容分析的基本流程与常用视角。
3. 能够参照课程标准与科学考试的分析案例，运用内容分析。

知识导图

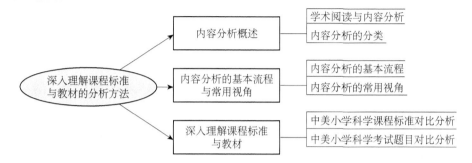

深入理解课程标准与教材是做好校内与校外教育的核心要素之一，而内容分析作为一种强大和成熟的研究方法，为读者理解课程标准和教材提供了深刻而系统的途径。本章共分为三节，聚焦内容分析在深入理解课程标准与教材方面的关键作用。第一节简要介绍内容分析的定义、分类及其在教育领域的应用，重点强调内容分析作为一种系统性研究方法的重要性；第二节详细展开进行内容分析的基本流程与视角，重点强调内容分析的标准化与规范性，以及常用的分析视角；第三节在前两节的基础上，分别呈现基于横向对比的中美小学科学课程标准分析案例与基于理论框架的中美小学科学考试题目分析案例。通过阅读本章，读者将对内容分析有更全面和深入的认识，了解内容分析的使用方式以及丰富的产出，为更好地开展校内外教育工作打下坚实的方法基础。

第一节　内容分析概述

内容分析的全称是质性内容分析或定性内容分析（qualitative content analysis），是一种细致入微且充满创造力的研究方法。与许多定量方法追求数量化的信息不同，内容分析深入挖掘文本信息内容，试图揭示其中的模式、主题与价值。本节将回答什么是内容分析，以及内容分析的重要性。

一、学术阅读与内容分析

在详细介绍内容分析之前，我们不妨从内容分析的基础——学术阅读说起。学术阅读是每个本科生都经历过的基础学术训练，无论来自哪个专业，学术阅读都是开展任何学习和学术活动的重要前提。学术阅读不同于日常生活中常见的读书、看报，也不是中小学阶段的读课文、做阅读理解。学术阅读是一种深度阅读的策略，需要"使用包括分析、综合、问题解决和元认知等高级思维能力，在文本中与作者交互并构建新的意义……关注作者要传递的信息、他的主要观点、论证的流程以及论证的结构"（Hermida，2009）。不难看出，学术阅读和普通阅读的区别在于浅层阅读与深层阅读的差异，以及碎片化信息获取与形成信息链接之间的不同。无论是从信息交互与获取的量还是质来看，学术阅读都有了显著的提升。与此同时，学术阅读所要求的能力，如问题解决与元认知能力，也是从事校内外教育工作所需要的核心素养。

由于学术阅读对高级思维的要求和多任务并行的特点，传统的阅读和做笔记的模式已经无法满足其需求。这就要求在阅读不同类型的文本材料（如文献、参考书、对话、政策文件等）时，建立一套更加系统和标准化的框架，进行标注、记录、分析、合成与对比等工作。以文本容量最大、内容也较为复杂的文献为例，在阅读过程中，首先需要根据文献的基本结构，建立内容标注与摘录的框架（表 4-1）。

表 4-1　学术阅读内容标注与摘录框架

文献框架	标注符号	描述	摘录内容
研究问题	研究问题（research question，RQ）	研究做了什么	研究问题
文献综述	研究总结（summary of previous literature，SPL）	对过去文献的总结	每一部分综述的总结性句子
	文献综述（critic of previous literature，CPL）和研究空白（research gap）	对过去文献的评判，并指出研究空白	对过去文献的评判和研究空白
	本研究的合理性（rationale of the current study，RAT）	研究合理性	研究合理性总结
研究方法	研究样本（sample，SAM）	研究收集数据的对象	研究对象的主要特征与数量
	研究工具（instrument，INT）	收集数据的工具	数据收集工具的名称出处和主要参数
	研究流程（procedure，PRO）	研究流程和数据分析的方法	研究流程和数据分析方法的总结性句子

续表

文献框架	标注符号	描述	摘录内容
研究结果	研究结果（results of research，ROR）	研究结果	研究结果的总结性句子
结果讨论	与本研究结果一致的研究发现（results consistency with the current research，RCR）	本研究和过去研究相一致的发现	与过去研究一致的发现的总结
	与本研究结果不一致的研究发现（results inconsistency with the current research，RIR）	本研究和过去研究不一致的发现	与过去研究不一致的发现的总结
	对不一致发现的解释（interpretation，INT）	对不一致发现的解释	简要解释

　　在阅读与分析文献时，有了表 4-1 中的内容，就可以准确地辨别与定位每一部分的内容。例如，读到研究问题就用 RQ 标记，并将对应文字摘录到表格中；如果遇到研究方法中对于样本的描述，则用 SAM 标记，并将重要的文字摘录到表格中。采用这种方式可以将一篇篇幅较长、内容相对复杂的文献浓缩成一张一页纸的表格。在积累了一定量的文献表格之后，才可以使用这些表格进行下一步的文献合成。例如，将全部文献的研究问题合在一起进行分析与总结，就会了解之前的研究都做过什么；将全部文献的结果讨论合在一起进行分析与总结，就会知道之前都有哪些研究发现。到这一步才是完整的学术阅读的流程，而这些都是接下来展开文献综述写作的基础。

　　以上学术阅读的例子，可以看作是内容分析的一种较为简单的呈现。内容分析在学术研究中是指从数据与情境中得到可重复的、有效的推论，以此提供新知识和新洞见、呈现事实和实践操作指引的系统性方法（Krippendorff，1980）。它的目的是得到对问题或现象的更精练与概括性的描述，以及用于描述这些问题和现象的概念、主题或分类。显然，来自学术研究中的内容分析的定义都相对不容易理解，无论这一定义是来自哪位学者或者哪一篇研究。简单来说，内容分析的定义包含了两重属性，首先是它的科学属性，即可重复且有效，还要提供新知识、新洞见，这是所有科学研究方法都具备的属性；其次是它的目的属性，是为了深入认识问题或者现象，并从中提炼出概念、主题或分类。科学属性显然是内容分析更高的标准和要求。鉴于本书面向一线教育工作者，因此只关注内容分析的目的属性，即为了更好地理解课程标准与教材，以及如何从中提炼概念、主题和分类。因此，只要按照学术阅读的标准来进行内容分析，基本上就能满足一线教育工作者对于文本分析的需求。

综上所述，本书中的内容分析特指一线教育工作者为了更加深入地理解工作过程中遇到的教育问题和现象，所使用的一套标准化的收集、分析以及合成文字信息的方法和流程，以期揭示其中的模式、主题、概念、分类和价值。对课程标准和教材的内容分析，有助于一线教育工作者明晰教育目标，了解教育的整体方向，从而更有针对性地设计和实施教育计划。理解课程标准使教育工作者能够更好地根据学生的学习水平、兴趣和需求进行个性化的教育活动设计，更好地满足学生的学习需求，提高教育的有效性。对教材的深入理解意味着教育工作者能够更准确地选择和应用适合的教材与参考资料。通过与课程标准的对比，教育工作者可以评估教材的覆盖程度、深度和适用性，确保所选教材与标准相契合，从而更好地支持学生的学习。除此之外，掌握内容分析，可以让一线教育工作者在教育工作中深入理解学生的需求，识别教育过程中的重点与难点，促进一线工作过程中的教育研究，并不断提升自己的专业素养。

二、内容分析的分类

内容分析可以从多个角度进行分类，如从要分析的文本的来源，可以分为书面材料的分析、对话的分析等。本书采用较为常见的按照分析方式进行分类的方法，将内容分析分为归纳式分析与演绎式分析。归纳法和演绎法是两种常见的逻辑推理形式。演绎法是从一般性原理或理论出发，通过逻辑推理得出具体的结论。它基于前提和规则，通过推理演绎出新的结论，是从普遍性到个别性的过程。而归纳法则是从个别事实、观察或实例中得出一般性结论的逻辑推理方法，是从特殊到普遍的推理过程。归纳法通过对具体案例或实证材料的搜集、总结，得出普遍性规律或概念。

归纳式分析与演绎式分析正是基于这两种推理形式。归纳式的内容分析通过对一定数量的文本的分析，寻找其中的模式、主题与分类，并在此基础上生成新的概念，甚至是新的理论。它在研究中，尤其是在教育研究中的数量相对较少，因为新的理论往往需要长时间的研究积累才有可能出现。通常与这种分析方式绑定的是扎根理论这一研究方法，它的目的就是生成新的理论。演绎式分析同样是对一定数量的文本进行分析，寻找其中的模式、主题与分类。与归纳式分析的不同之处在于，归纳式分析直接从分析材料出发，而演绎式分析需要先明确引导分析的理论框架或者分析框架，然后在框架的指引下对材料进行分析。因此，演绎式分析通常不会形成新的概念、新的理论，但它会发现问题和现象与理论框架的契合程度以及是否会有新的内容来充实现有的理论。

归纳式分析在日常情况下几乎每天都在发生。例如，对某个学生的评价，或是对科学场馆中某件展品的看法，这都是从个体到一般的朴素总结，是人类的一种自发行为。然而，这些归纳仅仅基于个人经验，并不构成科学的归纳式分析。演绎式分析同样频繁出现在生活与工作中，只是往往不那么明显。例如，根据学校规章制度，判断学生没有穿校服到校属于违纪行为。这实际上是一种基于标准或框架的分析与判断，只不过很多标准已经潜移默化，甚至无须思考即可应用。因此，只要稍加回想，我们就会发现，每个人都经历了无数次的归纳式分析与演绎式分析。本书的目的正是唤起大家对这两种分析方式的记忆，并通过标准的流程规范分析过程，使分析结果更加可靠和有效。

第二节　内容分析的基本流程与常用视角

通过上一节的介绍，我们了解了内容分析的定义与分类，以及学术阅读的基本训练在内容分析中起到的作用。本节主要介绍内容分析的基本流程与常用视角，以帮助读者规范地使用内容分析，并通过不同视角的分析，理解和回答相应的教育现象与教育问题。

一、内容分析的基本流程

内容分析的基本流程见图 4-1。流程共分为三个步骤：①准备阶段；②分析阶段；③报告分析过程和结果。无论采用演绎式分析还是归纳式分析，准备阶段的两个重要环节都是选择分析内容的最小单元，以及从整体上理解要分析的全部内容。分析的最小单元可以小到一个字，但绝大多数情况下，逐字分析只会带来碎片化的理解，不利于开展内容分析；分析的最小单元也可以是全部要分析的文本文件，但是往往全部要分析的内容数量庞大，不方便分析与对比。有鉴于此，分析的最小单元一般会根据分析目的和文本数据的来源共同确定。例如，在访谈中，分析的最小单元通常是一位受访者的谈话记录；在教材中，往往是一章或者一节。确定好分析的最小单元后，需要反复阅读全部分析内容，从整体上把握内容大意以及单元间的联系。

在分析阶段，归纳式分析采取开放编码的做法。具体而言，在阅读内容的过程中，需要边阅读边记录对内容的总结。阅读完成后，将这些总结生成编码表，即按照数字顺序排列编码，并注明每个编码的来源位置。例如，2 号编码来自文

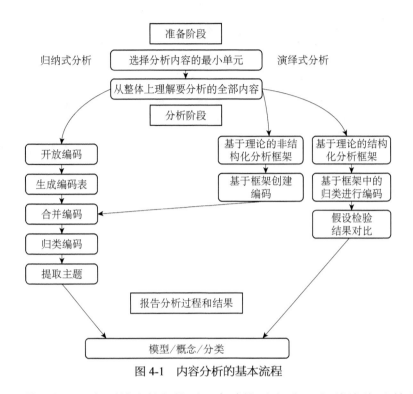

图 4-1　内容分析的基本流程

档第 3 页第 8 行，以便后续查找与校对。完成编码表后，需要根据每个编码的含义进行对比与区分，合并含义相似的编码。例如，2 号、8 号、14 号编码含义相似，则可将其合并为 2 号编码，并记录上述合并过程。通过合并编码，编码数量得以减少。接下来，需要根据剩余编码的含义，将编码归入不同的类别。例如，"作业描述不清晰"和"作业反馈不及时"，都可以归入"对作业的看法"这个大类别。归类完成后，根据每个类别的名称和类别中编码的含义，提取整个类别的主题。例如，从上述类别可以提炼出"作业的布置情况不令人满意"这一主题。完成归纳式分析后，会得到一系列类似这样的主题描述。在最后的报告分析过程和结果部分，需要如实报告前面每个步骤中的细节，作为判断结果可靠性和有效性的重要参考，然后将提取出来的主题描述按照它们之间可能存在的关系组织起来，生成模型、新的概念或分类方式。

演绎式分析分为两种情况，区别在于基于理论生成的是非结构化分析框架还是结构化分析框架。这两种框架的区别可以通过结构化访谈和半结构化访谈的访谈提纲来做类比。在结构化访谈中，所有的问题都被严格限定并写在访谈提纲中，访谈人只能按照提纲逐一提问，没有自由发挥的空间；而在半结构化访谈中，访谈提纲只列举了几个重要问题，访谈人可以根据现场情况决定是否追问、添加或减少问题。类似地，非结构化分析框架通常只涉及理论中的主题或一级维度等大标题，而不会列举具体的编码。因此，在阅读内容时，只能根据大标题进行开放式编码。例如，当看到"有学生抱怨作业多"的文字时，会将其归入分析框架中的"作业情况"中，但是"作业多"并不会出现在分析框架中。在这种情况下，完成编码后，也要按照合并编码、归类编码、提取主题的步骤进行分析。与演绎式分析不同的是，归纳式分析需要从头搭建"房子的基本框架"，而非结构化的演绎式分析提供了现成的基本框架，后续所有分析都需要在这一框架的范围内进行。

如果在演绎式分析中采用了结构化分析框架，则意味着框架已经对编码本身进行了详细的描述与规定。例如，表 4-1 中展示的学术阅读内容标注与摘录框架，从主题（如研究方法、结果讨论等）到编码的描述（如 SAM 代表样本情况），均已经详细列出。在阅读文献时，需要将读到的内容直接标记对应的编码（在文献中标记），然后再将这些编码按照框架中规定的分类方式进行归类，并总结每个类别的特点。最后，这些归类结果可用于假设检验，例如验证分析结果是否与理论框架一致。

二、内容分析的常用视角

内容分析的常用视角包含基于历史的纵向视角和基于对比的横向视角。这两种视角具有普遍适用性，可广泛应用于各类研究情境。本节将系统阐述运用这两种视角进行分析的具体流程与标准化步骤，以确保分析结果的可靠性和有效性。

透过历史视角进行分析是深入研究和理解事件、现象或问题的一种方式。通过探究不同时期的资料、文献和文化背景，揭示过去的经验和发展趋势，从而更好地理解当前和未来的情境。它的目的是"提升个人对于当前而非过去的看法"（Lawrence，1984）。这种方式强调通过对历史事件的审视，从中汲取深刻的教训和见解。历史视角的优势在于能够提供对事件的深度理解，揭示其演变和背后的动因，进而帮助预测未来可能的发展趋势。通过分析历史，人们能够借鉴过去的经验，为决策者提供更具远见的决策和战略建议，避免重蹈覆辙。总体而言，历史视角的分析为问题提供了更全面、深刻的认识，为个体和社会提供了宝贵的历史文化经验。

基于历史的纵向视角进行内容分析，可以分为以下五个步骤：①收集不同历史阶段的内容分析文本。以中华人民共和国成立后的课程标准分析为例，需要收集与分析 1950～2023 年不同时期的课程标准文本。与此同时，还需要收集与课程标准相对应的政策文件和社会变革等相关史料。②建立时间轴线。将收集到的课程标准按照时间顺序进行排列，并将同时期的政策文件与社会变革等重要事件与之对应，构建清晰的历史发展脉络。③分析历史背景。深入分析各时期的社会背景，包括社会变革和政策文件等方面的分析，识别出不同时期课程标准产生的原因、影响和背后的关键因素。④比较和对比。将不同时期的课程标准进行比较和对比，以发现模式、趋势或相似之处。⑤探究变革、延续与影响。分析课程标准的发展历史时，要注意识别课程标准的变革和延续，这有助于理解它对教师、学生、教学乃至教育全局的影响。

与基于历史的纵向视角相对的是基于对比的横向视角。这种对比视角是深入研究和理解不同群体在特定领域的相似性与差异性的方式，通过比较不同群体之间的关键因素，以揭示彼此之间的异同。正如有哲学家所说"一个人的知识来自其他人的知识"（Dogan and Pelassy，1990）。对比分析的优点在于提供了多元化的观点，帮助我们更全面地理解不同群体之间的共同趋势和成功的关键因素。以常见的国家间对比分析为例，它能够为问题提供多元的、全球性的视角。通过比较不同国家的经验，更深入地了解某一领域的最佳实践和成功经验。这种多角度的观察与分析有助于提炼出具有普遍性的见解，为决策者提供制定更有效政策的参考。基于国家对比的方式为深刻理解全球性问题和促进国际合作提供了有力工具。

基于对比的横向视角进行内容分析，可以分为以下五个步骤：①选取不同群体的样本。以不同国家的小学教材对比分析为例，在选择要进行比较的国家时，会优先选择教材较为完善、影响力大，以及有着不同地理、文化和经济背景的国家，以增加多元化。②明确内容分析的领域。以中美小学科学教材的对比分析为例，中国的小学通常是六年制，而美国的小学通常是五年制，在进行教材分析时要特别关注小学定义的明确性和年级的可比性。③确定比较指标。在教材中确定要比较的关键指标，这可能包括插图的内容、作业的设计、文字的呈现形式等。确保选择的指标与关注的问题相关且具有可测量性。④进行对比分析。对中美两国教材中的作业题目进行对比，以发现其异同点。⑤解释分析结果。探讨对比分析结果的相似性和差异性，并提出相应的启示和政策建议。

第三节　深入理解课程标准与教材

对比中国和美国小学科学课程标准与考试题目意义重大，通过揭示教育体系差异、文化影响和创新实践，有助于深入理解两国在科学教育领域的理念和实践。这不仅为国际合作提供了基础，促进了学科发展趋势的探讨，同时也为各自教育体系的改进提供了宝贵的经验和启示。在本节中，我们将采用对比的方法，分析中美小学科学课程标准的整体异同，并以两国的考试题目作为案例，展示结构化分析框架下演绎式分析的应用及其结果。

一、中美小学科学课程标准对比分析

此次中美小学科学课程标准对比分析，选取了中国 2022 年颁布的《义务教育科学课程标准（2022 年版）》与美国 2013 年颁布的《新一代科学教育标准》。虽然这两套标准的发布时间存在较大差异，但它们均为各自国家当前最新且正在使用的标准，因此具有可比性。在分析的内容上，本部分关注 1～6 年级的科学课程标准。中国《义务教育科学课程标准（2022 年版）》中包含了小学 1～6 年级和初中 7～9 年级的内容，而美国《下一代科学标准》中则包含了学前到高中12 年级的内容，考虑到美国采用的是小学 1～5 年级制，初中 6～8 年级制，为了进行更为公平的分析比较，本节选取了中国课程标准和美国课程标准中 1～6年级的部分。

首先，从课程标准的整体结构来看，《义务教育科学课程标准（2022 年版）》提出了核心素养的目标，共包含 4 个维度，包括科学观念、科学思维、探究实践、态度责任；美国《下一代科学标准》提出了预期行为表现，并反映在 3 个维度上，包括学科核心概念、跨学科概念、科学与工程实践（图 4-2）。其中，中国《义务教育科学课程标准（2022 年版）》中的科学观念承袭了 2017 年版《义务教育小学科学课程标准》中的科学知识，并融入了新的科学观念（通过纵向分析两版标准得到的结果）。科学知识又包含了 4 个跨学科概念和一系列科学学科核心概念，与之对应的是美国《下一代科学标准》中的学科核心概念和跨学科概念。两国课程标准在学科核心概念上基本保持一致，不同的是，《下一代科学标准》提出了 8 个跨学科概念。《义务教育科学课程标准（2022 年版）》中的探究实践来自 2017 年版《义务教育小学科学课程标准》中的科学探究，着重强调了实践的重要性，而美国《下一代科学标准》中除了科学实践，也提到了工程实践，将科学和工程实践放在了同等重要的位置上。《义务教育科学课程标准（2022 年版）》中的态度责任和科学思维两个主题，在美国《下一代科学标准》中是没有的。

从图 4-2 还能看出中美科学课程标准中主题之间的关系。其中，中国课程标

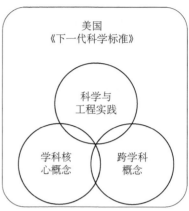

图 4-2　中美科学课程标准对比分析

准中的 4 个主题联系不紧密，在内容上基本是彼此分离的。而美国课程标准中的 3 个主题则是紧密联系在一起的，每一个核心概念下都会有对应的跨学科概念以及科学与工程实践的具体要求。以二年级物质科学中的物质及其相互作用为例，这里对于学生整体行为表现的预期是"分析从测试不同材料中获得的数据，以确定哪些材料具有最适合预期用途的特性"。其中对应的学科核心概念为物理与化学反应，科学与工程实践是分析与解释数据，跨学科概念则是模式。

通过对比中美小学科学课程标准的整体结构与框架，不难发现，中国的小学科学课程标准更注重对思想态度的培养，即观念、思维、态度；而美国的小学科学课程标准则注重行为表现。在学科核心概念这种传统知识层面，两国课程标准基本没有差异，而在跨学科概念和科学与工程实践上，两国课程标准差异较大。最后在整合科学课程标准维度和不同年龄段学习进阶方面，中国的课程标准仍有发展空间。从上面的全部分析内容可以看出，分析基本上按照对比视角的步骤进行和报告。

二、中美小学科学考试题目对比分析

测评学生的高阶思维能力是科学考试的主要目标之一，考试题目能否准确有效地反映学生的高阶思维能力是判断题目质量乃至整个考试有效性的重要指标。在杨洋等（审稿中）的最新研究中，不同思维层级的理论框架来自布鲁姆的教育目标分类，从低阶认知到高阶认知，分别是知道、领会、应用、分析、综合、评价；以及加涅的认知目标分类，包括辨别、概念、规则与原理、问题解决。综合这两个理论框架，高阶思维被定义为包含应用、分析、综合、评价、规则与原理以及问题解决一系列维度，对应试题的类型包括应用规则、原理或者模型进行计算、解释或论证；低阶思维则包含知道、领会、辨别和概念 4 个维度，对应题目的类型为知识记忆、概念识别与区分（图 4-3）。以上内容组成了分析考试题目内容的结构化分析框架。

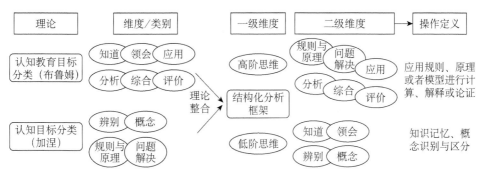

图 4-3 测评中的高阶思维分析框架

基于这一结构化分析框架，2020～2022 年中美小学科学考试（中国杭州、美国纽约州）的题目与答案的文本信息被 3 位研究者阅读与编码。在结构化分析框架中，编码基本是封闭式的，即通过之前的研究和总结，将题目类型划分成操作定义中的种类，是可以囊括考试题目的。在编码过程中，研究者将每一道题目编码成为操作定义中的其中一类，在每一套题目编码完成后，将题目按照编码归入低阶思维和高阶思维，最后对比中美两国的小学科学测试题目在思维水平测试方面的结果。研究发现，中国小学的低阶思维题目平均占比 64.2%，高阶思维题目平均占比 35.8%；美国小学的低阶思维题目平均占比 63.1%，高阶思维题目平均占比 36.9%。这表明，中美两国小学科学测试在思维水平方面的表现相似。

本章参考文献

杨洋，尚媛媛，刘紫薇，等. 审稿中. 中英美三国中小学科学学科考试比较：核心概念、学习进阶、思维水平和情境创设.

Dogan M，Pelassy D. 1990. How to Compare Nations：Strategies in Comparative Politics. Chatham：CQ Press.

Hermida D J. 2009. The importance of teaching academic reading skills in first-year university courses. The International Journal of Research and Review，3：20-30.

Krippendorff K. 1980. Validity in content analysis//Mochmann E. Computerstrategien für die Kommunikationsanalyse. Frankfurt，New York：Campus Verlag：69-112.

Lawrence B S. 1984. Historical perspective：using the past to study the present. Academy of Management Review，9（2）：307-312.

第五章

基于课程标准与教材的
小学科学活动设计案例

学习目标

1. 理解三种不同的小学科学活动设计情境。
2. 熟悉不同情境下小学科学活动的特点。
3. 能够参照小学科学活动设计的案例，开发与设计小学科学活动。

知识导图

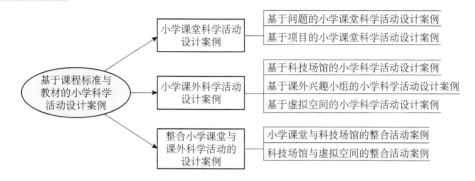

　　分析科学课程标准和科学教材的一个重要目的，就是促进科学教学。在科学教学过程中，科学活动的设计至关重要。在小学科学教学中，存在多种不同的情境，如何在不同的情境中设计适合学生的科学活动，以及如何整合不同的情境，提升科学教学的效率，都是科学教育工作者面临的重要问题。本章介绍了三类基于课程标准与教材的小学科学活动设计案例，包括课堂、课外以及整合课堂和课外的科学活动设计案例。其中，课堂科学活动设计分为基于问题和基于项目两种；课外科学活动设计分为基于科技场馆、课外兴趣小组和虚拟空间三种；整合小学课堂和课外的科学活动设计分为小学课堂与科技场馆的整合和科技场馆与虚拟空间的整合两种。

第一节　小学课堂科学活动设计案例

　　在讨论小学课堂科学活动设计案例时，我们不仅要考虑如何通过各种实践活动激发学生的兴趣和探索欲望，还要关注如何在这些活动中培养学生的问题解决能力和批判性思维。从传统的基于趣味和参与度的设计案例到基于问题的设计案例，我们逐渐意识到，通过引导学生解决真实而具有挑战性的问题，可以更好地促进他们的学习和思考。

一、基于问题的小学课堂科学活动设计案例

问题式学习（problem-based learning，PBL），又称为"基于问题的学习""以问题为基础的学习"等，是倡导让学生通过自学、研究、讨论和合作解决问题，培养学生自主学习能力，发展学生综合思考能力的新型教学方法和教学理念（崔炳权等，2009）。其思想根源也可以追溯到杜威在1916年提出的"从做中学"（learning by doing）教学理念。该理念主张教学应从儿童的经验和生活出发，让儿童主动从自身的活动中进行学习，而问题式学习便在此基础上围绕解决问题来展开学习和教学过程。科利弗（Colliver，2000）发现问题式学习的雏形起源于20世纪50年代美国俄亥俄州的凯斯西储大学（Case Western Reserve University），20世纪60年代后期，霍华德·巴罗斯（Howard Barrows）进一步将"问题式学习"作为系统方法开发出来。自20世纪80年代以来，伴随着知识经济时代的到来，社会日趋重视学生的创新意识、合作精神、解决问题能力与实践能力，问题式学习的教学模式因此越来越受到世界高等教育界的推崇（连莲，2013）。美国教育的总体目标从"回到基础"转向"问题解决"，这被认为是一项学生离开学校融入社会生活所必备的技能，并成为教学改革的主潮流（陈燕，2013），从而使得问题式学习得到了空前的发展。

巴罗斯（Burrows，1996）将问题式学习定义为：将问题作为学习的诱因，促使学习者运用各种方法和技能搜集与研究信息，进而解决问题的教学过程。他们还从医学问题的角度，提出了这种教学方式的六个特征：①以学生为中心；②学生以小组的形式进行学习；③教师是帮助者或引导者；④问题构成了学习的中心和激励因素；⑤问题是获得临床问题解决技能的手段；⑥在自我导向的学习中获得新信息。巴罗斯还进一步发展了基于小组合作—问题—活动的学习策略，其实施过程包括：①组织小组；②引入问题；③开展活动；④活动汇报；⑤反思总结。问题式学习指教师让学生参与问题解决、习得知识和技能的教学方式。在这个过程中，教师从学生的实际出发，创设问题情境，设置疑问，在引导中不断挖掘学生的潜能，鼓励学生进行探究以解决问题，并建构知识（Lester et al.，2003）。问题式学习以问题为中心，在教师的指导下，学习者从不同的角度，运用不同的方法，通过自主探究和合作讨论来尝试解决问题，并在此过程中主动建构知识发展高层次思维能力（Gallagher，1997）。陈燕（2013）将问题式学习内涵的共性归结为：以问题为核心、创设情境、教师指导、学生自主或小组探索、教师指导、建构知识。亦有学者提出问题式学习主要有以下五个特征。①用问题

驱动课程：问题本身并不考查解题技巧，但它却有助于发展技巧；②问题确实是结构不良的：这并非意味着只有一种答案，而是因为新信息在学习过程中不断产生，对问题的理解和解答也在不断变化；③学生自己解决问题：教师只是指导者和帮助者；④只给学生解题的纲领性提示：教学过程中没有固定的公式可以直接用于解决问题；⑤实施真实的、基于表现的评价：这是教学结束时的重要组成部分（Stepien and Gallagher，1993；Barrows，1985）。在具体实施过程中，研究者和实践者对问题式学习的基本策略既有继承又有创新，形成了许多有效的教学策略。施瓦茨（Schwartz，1995）等提出了自主—合作循环学习策略，实施过程包括：①给学生提供一个以前未接触过的新问题；②学生开展相互交流，看看自己已有知识中哪些与该问题有关；③在现有知识水平基础上形成并验证解决问题的假设，看能否解决所面临的问题；④如果不能解决问题，明确为了解决问题而进一步学习的需要；⑤通过自主学习满足既定的学习需要；⑥回到小组交流新学到的知识，运用新知识解决问题；⑦如果还不能解决问题，重复环节③～⑥，直到问题得到解决；⑧对解决问题的过程和学到的知识进行反思与评价。陈爱萍和黄甫全（2008）总结了鲍德（D. Boud）等提出的合作—探究学习策略，实施过程包括：①给学生呈现一个问题，这个问题应该是真实生活中的或模拟情景中的问题，并能够激发学生的学习兴趣；②学生在讨论中确定对问题解决有重要作用的学习要点并进行记录，在整个讨论过程中，教师要鼓励学生不但弄清他们懂得了什么，更重要的是知道还有哪些地方他们不懂；③把通过分析形成的学习要点，按其重要性进行分类，确定哪些要点需要小组合作完成，哪些可以先由个人单独完成，随后再传授给小组其他学生，然后学生分头去查阅资料，独立进行研究，以获取相关知识；④把学生重新召集起来，共同探讨学习要点，把获得的新知识运用于问题情景；⑤把解决问题过程中出现的新问题经过筛选后记录下来，根据学生的需求和兴趣，继续引导他们探究新问题，从而将学习不断引向深入。

　　以上关于问题式学习的研究均聚焦于小组活动中提出问题、分析问题、形成假设、验证假设、修正假设等问题的解决过程，同时还包括过程反思和结果评价的强化环节（陈爱萍和黄甫全，2008）。因此，问题式学习策略可以总结为：①提出并分析问题；②作出并验证假设；③小组合作；④活动汇报；⑤评价反思。问题式学习是一种新型的教学模式，在西方教育发达国家、地区取得了良好的教学效果（Lohfeld et al.，2005；Kerfoot et al.，2005），是西方主流教学模式之一。日本、新加坡，以及中国香港、台湾地区引进问题式学习教学法也取得了较好的效果（黄亚玲等，2007）。

问题式学习是一种通过虚拟问题场景或真实案例激发学生自主学习的教学策略，它促使学生整合理论与实践。在这种学习方式下，学生通常会在小组中合作，通过解决没有唯一正确答案的问题来学习某一主题。问题式学习基于课程标准与教材的科学活动设计内涵：教师提出基于课程标准和教材的与学生日常生活密切相关的问题，引导学生对该问题进行简单分析，并提出假设，然后让学生在小组合作中与同伴讨论，制订计划以解决问题并验证假设，最后在活动汇报过程中，吸收教师与其他小组同学的建议，对问题解决的过程进行反思和自我评价。2017年版《义务教育小学科学课程标准》在"科学探究总目标"模块指出，学生应"知道科学探究需要围绕已提出和聚焦的问题设计研究方案，通过收集和分析信息获取证据，经过推理得出结论，并通过有效表达与他人交流自己的探究结果和观点；能运用科学探究方法解决比较简单的日常生活问题"，这些要求与问题式学习的策略大致相符。在"教学活动建议"模块再次指出，"为了培养学生的科学素养，教师要为学生提供多样化的学习机会，如探究的机会，综合运用知识解决真实情境问题的机会"，表明了基于问题设计小学课堂科学活动的重要性。《义务教育科学课程标准（2022年版）》与问题式学习的联系更为紧密。其中，在"课程理念"模块明确提出应"突出学生的主体地位，利用学校、家庭、社区的各种资源，创设良好的学习情境，设计适宜的探究问题"（对应问题式学习策略中的"提出并分析问题"），培养学生"针对科学问题进行合理猜想与假设"（对应问题式学习策略中的"作出假设"），制订计划并搜集证据（对应问题式学习策略中的"验证假设和小组合作"），分析证据并得出结论（对应问题式学习策略中的"小组合作"），对结果进行解释与评估，准确表达观点（对应问题式学习策略中的"活动汇报"），反思探究过程与结果（对应问题式学习策略中的"评价反思"），并提高学生"自主确定学习目标、选择学习策略、监控学习过程、反思学习过程与结果"的自主学习能力。以上要求与问题式学习的策略基本一致。

教师在活动案例"探究月相"（表5-1）中提出的与学生日常生活紧密相关的"月亮的形状是怎样变化的"这一"问题"，可以联系到2017年版《义务教育小学科学课程标准》中"地球与宇宙科学"领域中知道与月球相关的一些自然现象及其规律、知道月球的运动特征的目标要求，有助于提高学生对自然现象进行探究的科学兴趣。教师引导学生对该问题展开了简单"分析"——"月亮的形状为什么会发生这样的变化"，有助于学生思维的发散并提升课堂参与感。而后由教师引导学生对该问题"作出假设"——"月亮形状的变化是否有规律"，启发学生对如何正确开展科学探究进行一定的思考，有利于一步步培养学生的科学思

表 5-1　案例"探究月相"

提出并分析问题	作出并验证假设	小组合作		活动汇报	评价反思
老师：月亮的形状是怎样变化的？ 学生 1：从圆圆的变成弯弯的。 学生 2：也会从弯弯的变成圆圆的。 老师：月亮的形状为什么会发生这样的变化？（学生讨论）	老师：那同学们觉得，月亮形状的变化是否有规律？ 学生：是/不是。 老师：那我们该怎么证明月亮形状的变化是有规律的还是没有规律的？ 学生：每天都看看月亮发生的变化	（1）制订计划 学生 1：我们可以先各自观察一个月内月亮每天发生了什么变化并做好记录。 学生 2：然后汇总一下所有人观察得到的结论。 学生 3：如果大家的结论不太一致怎么办？ 学生 4：那就再上网求证。 学生 5：我们还能想想月亮为什么这样变化。 （2）搜集证据 组内学生分头观察月亮变化，做好记录，并把月亮的形状画下来。 （3）处理信息 把月亮的形状按照日期排列起来，寻找其中的规律，汇集组内学生的结论并进行讨论分析。 （4）得出结论 学生：月亮形状的变化是有规律的，白色代表月亮，那我们画出来的图就是差不多一个月内月亮的变化情况 ●●◐○○◑●●		学生代表表达小组成员共同的观点，展示可能产出的"基于月相变化"的图画、海报、手抄报、视频、研究报告等作品	在记录月亮形状和探索月亮形状变化规律的过程中都遇到过哪些问题？对得出研究结论可能会产生什么样的影响？你/你们小组是如何解决这些问题的？ 如果继续观察月亮，在记录和对比月亮形状的过程中有什么可以改进的地方，让自己的结论更加准确可信？

维。随后在"小组合作"中，学生与同伴进行讨论，商定为解决问题应如何制订计划以"验证假设"，并进行任务分工来搜集证据，最后在与同伴的合作讨论中处理信息并得出结论。在合作期间，学生自主制订了"先各自观察、记录每天月亮发生了什么变化并总结规律，然后汇总所有人观察得到的结论，比对结论是否一致"的计划，能够了解并熟悉科学探究的基本步骤和收集数据的方法，并在横向比对同伴得出的结论时提升数据分析的技能，既提升了动手操作和动脑思考的能力，又增进了同学之间的交流。在"活动汇报"过程中，小组派出的代表须清楚表达其小组的观点及成果，有助于提升语言表达能力。而小组可能会产出"基于月相变化"的图画、海报、手抄报、视频、研究报告等作品，通过相机或手机拍摄月亮照片并制作视频作品，每张照片都有精确的时间，有助于学生准确读取时间，并熟练运用图像合成视频技术。基于每日记录制作图画、海报、手抄报、研究报告，有助于提升学生的总结概括能力和动手操作能力。以上多样化的作品展示，是过程性和总结性评价的基础，有助于学生巩固项目中所学的知识与技能，并在课堂交流中汲取教师与其他小组同学的建议，对问题解决的过程进行"反思"并进行自我"评价"，以改进问题解决过程，最终实现学习成果的自我建

构。在整个问题解决过程中，学生不仅通过实践提升了动手操作能力，还通过思考提升了总结概括能力，并能在课堂交流中听取教师与其他同学的建议，对问题解决过程进行反思，最终实现学习成果的自我建构。在整个问题解决过程中，教师还应制定相应的评价标准，对学生的产出进行评价并提供反馈。评价方案应该注重总结性评价和过程性评价，也应包括学生的自我评价、互相评价以及家长对学生的评价，以发挥评价的诊断功能、激励作用和促进作用，这有助于引导学生对所学知识和方法进行总结、反思、应用和迁移。

教师在活动案例"鱼的相似性与差异性"（表 5-2）中以视频为引导，提出与视频内容紧密相关的"问题"——"视频中鱼的外形是不是都是一样的"。该问题可以联系到课程标准"生命科学"领域中"认识周边常见的动物和植物，能简单描述其外部主要特征；能根据有关特征对生物进行简单分类"（2017 年《义务教育小学科学课程标准》）的科学知识目标要求，有助于提高学生对生命科学领域的科学兴趣。教师还引导学生对该问题展开了简单"分析"——"它们在外形上有什么相同的地方和不同的地方"，有助于学生在仔细观察的基础上提高总结概括能力。而后由教师引导学生对该问题"作出假设"——"鱼类是否存在这种相似与不同"，让学生感受从特殊到一般的科学探究思路。在"小组合作"中，学生与同伴进行讨论，商定解决问题的计划以"验证假设"，并进行任务分工来搜集证据，在与同伴的合作讨论中处理信息并得出结论。在这期间，学生自主制订了"先各自观察所有的鱼并画下来，然后合作讨论哪些鱼是一类的"计划。这一过程能够让学生了解并熟悉科学探究的基本步骤和收集数据的方法，并在横向比对中提升数据分析的技能，既提升了动手操作和动脑思考的能力，又增进了同学之间的交流，有助于同伴之间相互学习。在"活动汇报"过程中，小组派出的代表须清楚表达其小组的观点及成果，这有助于提升学生的语言表达能力。小组产出的图画作品，有助于提升学生的总结概括能力和动手操作能力。此外，图画作品展示是过程性和总结性评价的基础，有助于学生巩固项目中所学的知识与技能，并在课堂交流中汲取教师与其他小组同学的建议，对问题解决的过程进行"反思"并进行自我"评价"，以改进问题解决过程，最终实现学习成果的自我建构。在整个问题解决过程中，学生不仅通过实践提升了动手操作能力，还通过思考提升了总结概括能力，并能在课堂交流中听取教师与其他同学的建议，对问题解决过程进行反思，培养科学学习的兴趣，提升科学素养。但在整个问题解决过程中，教师还应制定相应的评价标准对学生的产出进行评价并提供反馈。评价方案应该注重总结性评价和过程性评价，包括学生的自我评价、互相评价以及家长对学生的评价，以发挥评价的诊断功能、激励作用和促进作用，这有助于引导学生对所学知识和方法进行总结、反思、应用和迁移。

表 5-2　案例"鱼的相似性与差异性"

提出并分析问题	作出并验证假设	小组合作	活动汇报	评价反思
老师：视频中鱼的外形是不是都是一样的？ 学生：是/不是/不都是。 老师：既然大家答案不一，大家再仔细看看它们在外形上有什么相同的地方和不同的地方？（学生分享）	老师：鱼类不仅存在一样的地方，也有明显的不同。那同学们觉得，鱼类是否存在这种相似与不同？ 学生：是/不是。 老师：那我们该怎么证明鱼类是否存在这种相似与不同？ 学生：对收集到的各种鱼类图片进行观察	（1）制订计划 学生1：我们可以先各自观察所有的鱼并画下来。 学生2：然后让大家讨论一下哪些鱼是一类的。 （2）搜集证据 组内学生分头观察所有的鱼，把鱼的形状画下来。 （3）处理信息 把具有相似特征的鱼归为一类，并与组内同学一起讨论分析。 （4）得出结论 学生：我们一共归类了×种鱼类（展示图画），分别是：扁平形的、棍棒形的……	学生代表表达小组成员共同的观点，展示组内同学画的图画作品	在记录鱼的形状和探索总结同种鱼类特征的过程中都遇到过哪些问题？对得出的结论可能会产生什么样的影响？你/你们小组是如何解决这些问题的？ 如果增加鱼的数量，在记录和对比鱼的形状的过程中有什么可以改进的地方，让自己的结论更加准确可信？

二、基于项目的小学课堂科学活动设计案例

20 世纪初，世界各国在追求国力强盛、社会发展、经济繁荣和文化昌盛的现代化进程中掀起了此起彼伏的教育改革浪潮，以满足工业化和民主化的时代要求。杜威于 1916 年提出"从做中学"的理念，主张教学应从儿童的经验和生活出发，让儿童主动地从自身的活动中进行学习。1918 年，威廉·赫德·克伯屈（William Heard Kilpatrick）从杜威所提的"从做中学"教育思想出发，在《项目教学法》（The Project Method）一文中首次提出"项目教学法"（the project method）的概念，明确项目式学习的核心思想是让学生通过实际活动去学习，认为知识只有通过行动才能获得。克伯屈的文章涵盖了杜威的"问题解决法"和"从做中学"两种观点，强调先创设问题情境，然后由学生解决问题，要在教师的具体指导下由师生共同完成项目。1923 年，埃尔斯沃思·科林斯（Ellsworth Collings）等在《项目式课程实验》（An Experiment with a Project Curriculum）一文中对项目教学法的效果进行了研究。

马卡姆（T. Markham）指出，以课程标准为核心的项目教学法是一套系统的教学方法，它是对复杂、真实问题的探究过程，也是精心设计项目作品、规划和实施项目任务的过程（Markham et al., 2003）。项目教学法是一套系统的教学方

法，它让学生投入复杂、真实的任务，在任务中创作产品或者面向听众的展示，学生在这一过程中收获知识和有助于将来生活的技能（Barron and Darling-Hammond，2008）。布卢门菲尔德（P. C. Blumenfeld）等指出，项目教学区别于其他教学模式的要素是问题+作品（Blumenfeld et al.，1991）。一些学者提出项目式教学的要素包括：①以学生为中心；②真实生活问题；③产出；④探究；⑤多方合作；⑥使用思维工具（Krajcik et al.，1998）。相关研究明确项目式学习的特点为：探究、学生的表达与选择、反思与修改、展示与交流（Hallermann et al.，2011；Krajcik and Czerniak，2018；Krauss and Boss，2013）。辛格（J. Singer）提出了项目式教学设计的要素：①情境；②基于标准；③探究；④合作；⑤学习工具；⑥作品；⑦脚手架（Singer et al.，2000）。学者们的研究均提及在问题情境中产出作品，具体表现为在合作中进行探究，其次还应基于标准并确定学习工具。

辛格等（Singer et al.，2000）认为，通过创建锚定事件来支持"情境"，可以使学习者将学习项目的内容与社区、家庭或个人经验联系起来，使抽象概念具象化。在理想情况下，学习者可以直接参与驱动问题中的科学现象，在"探究"中增进交流，并在持续探究中学习科学过程以及这些过程如何协同作用以产生新的知识。学习者通过观察和操作变量来了解现象在不同条件下的变化，并运用证据分析数据以支持结论。在探究的计划、实施或分析过程中，经验更丰富的社区成员（如教师、科学家和其他专业人员）可能会提供指导和见解。学习者在学习项目中受驱动问题或相关子问题的影响，创造了可以共享、批评和修改的"作品"，作为形成性和总结性评估的基础（Minstrell，1989）。学习者可能需要解释其作品与驱动问题的关联，或其作品如何代表特定概念，该过程中有助于培养学习者积极构建理解的能力。与此同时，学习项目旨在促进学习者在学习社区内的"合作"。学习者之间相互讨论，并与教师、社区成员和科学家进行交流，为他们的问题找寻信息和解决方案，并讨论他们的发现和理解。这将学习体验扩展到了课堂之外。"学习工具"的选择取决于所要解决的驱动问题，它有助于增进学习者和教师沟通（Levin，1992；Pea et al.，1994）、探索现象（Linn，1996）、进行调查（Rubin，1993）、收集数据、建立模型（Jackson et al.，1994）、辅助解释、创造用于展示和理解的作品（Edelson et al.，1999；Scardamalia and Bereiter，1996）。在欧美国家，项目式学习的理论研究与实践研究持续发展，长期有效支撑项目式学习在学校内的实施与进展；项目式学习被广泛应用于 K-12 教育与高等教育，尤其是在高等教育阶段，项目式学习已经常态化。而我国虽引进了项目式学习的前沿研究成果，但缺乏本土的实证研究。项目式学习的概念热度高，尤其在中小学"项目式活动"(综合实践活动)的数量持续增长(张文兰等,2016;赵丽萍,2013)。在高等教育中,应用相对广泛,但存在对项目式学习理解浅、重形式、设计不够包容细腻等问题(董艳等,2019)。

项目式学习基于课程标准与教材的科学活动设计内涵:项目式学习要求教师以作品为核心,根据课程标准明确课程总体的目标,选择与教材相关的活动并设置合适的情境或问题,让学生利用提供的脚手架进行合作探索,最后学生根据教师提供的反馈,对产出的作品进行修改并对探索过程进行反思。项目式学习对我国科学课程标准的发展产生了积极影响。2017年版《义务教育小学科学课程标准》明确指出"探究活动是学生学习科学的重要方式……强调从学生熟悉的日常生活出发,通过学生亲身经历动手动脑等实践活动,了解科学探究的具体方法和技能",并"学习与同伴的交流、交往与合作",这些要求充分体现了项目式教学的特点。"科学探究学段目标"从"提出问题、作出假设、制订计划、搜集证据、处理信息、得出结论、表达交流、反思评价",对各学段的学生进行了不同的要求,凸显了课程标准"发现和提出生活实际中的简单科学问题,并尝试用科学方法和科学知识予以解决……学习与同伴的交流、交往与合作"的要求,符合项目式学习在任务中合作创作产品,并在反思与修改中收获知识和有助于将来生活的技能的特点。《义务教育科学课程标准(2022年版)》在2017年版《义务教育小学科学课程标准》的基础上进行修订,以"1.1 物体具有质量、体积等特征",以对1~2年级的要求为例。2017年版《义务教育小学科学课程标准》要求1~2年级的学生能够"通过观察,描述物体的轻重、薄厚、颜色、表面粗糙程度、形状等特征。根据物体的外部特征对物体进行简单分类",并建议教师:指导学生收集身边常见的物体,如石块、铁钉、橡皮、玻璃和大米粒等,让学生观察和描述它们的特征,引导学生尝试从颜色、轻重、软硬等方面对它们进行分类。学生对身边常见的物体进行收集,是贴近学生日常生活设计的情境,学生在观察、描述、分类的过程中可能会与同伴讨论,是合作过程的体现。学生还可以在教师的指导下将分类的结果呈现成海报等作品形式。该活动建议基于较为简单的项目式学习理念。而《义务教育科学课程标准(2022年版)》在"1.1 物质具有一定的特性与功能"部分对1~2年级学生的要求除了2017年版《义务教育小学科学课程标准》描述的内容外,还增加了"识别生活中常见的材料";对教师的建议除了2017年版标准描述的内容外,明确指出教师可以设计游戏类活动等情境,与学生共同设计调查活动,并指导学生在与同伴合作中利用记录单这一学习工具观察并记录物体的特征,最终形成关于物体分类的海报等作品形式。2022

年版标准与项目式学习的联系更为紧密，突出了从日常生活中寻找问题；教师应设计并实施能够促进学生深度学习的思维性探究和实践，通过精心设问、恰当引导、适时追问、及时点拨等方式（对应项目式学习中的"为完成目标设置合适的情境或问题"），启发学生在自主学习和合作学习中，既重视动手操作，又注重动脑思考（对应项目式学习中的"让学生在合作与交流中利用学习工具进行探究"），实现学习结果的自我建构，发展学生的思维能力（对应项目式学习中的"以学生为主体完成作品产出"）。

　　活动案例"太阳公公下班了"（表5-3）以"太阳公公每天下班的时间是一样的吗？"这一驱动问题为导向，设计了与学生日常生活紧密相关的"情境"，以激发学生对自然现象的探究兴趣。学生通过对日常生活现象的"探究"，了解了科学探究的基本步骤、收集数据的方法和分析数据的技能，并理解了地球自转与公转的基本科学知识。在探究期间，学生与家长"合作"交流，充分利用日落观察记录表这一"学习工具"，并最终完成了关于春季日落时间变化的研究报告等"作品"。该案例列举了关于春季日落时间变化的研究报告等多种作品，通过相机或手机拍摄日落照片并制作视频作品，每张照片都有精确的时间，有助于学生准确读取时间，并熟练运用图像合成视频技术；基于记录表制作的研究报告、手抄报、海报、连环画、视频，有助于提升学生的总结概括能力和动手操作能力。以上多样化的作品展示，是过程性和总结性评价的基础，有助于学生巩固项目中所学的知识与技能，并在课堂交流中汲取教师与其他同学的建议，对项目过程进行反思，最终实现学习成果的自我建构。该案例提出的驱动问题为"在地球的同一地理位置，太阳落山的时间每天是否保持一致"，以此为导向设计的课堂科学活动，可以联系到教科版二年级上册"我们的地球家园"第三课"太阳的位置和方向"。学生在熟悉的日常生活情境中激发了对自然现象的好奇心，符合课程标准中从学生熟悉的日常生活出发的要求。该案例设计了完整的探究过程，提出了明确的驱动问题，引导学生对驱动问题作出了假设，并启发学生制订了"每天观测太阳落山时间"的计划，激发了学生在日常生活中搜集证据的热情，使学生在纵向比较记录表的过程中恰当处理信息，并自主得出"春季日落时间会越来越晚"的结论，最后学生在课堂上对"太阳落山时间不一样的原因"进行表达交流，了解了地球自转和公转的科学知识，并在教师的引导下对项目活动的过程进行反思评价。案例中，学生需要在家长的帮助下完成日落观察记录表，在此自主记录和与家长合作记录的过程中，学生既提升了动手操作和动脑思考的能力，又增进了与家长的交流。案例中提供了多种学生在观察日落时所需的器材，还提供了日落观察记录表这一学习工具。该记录表能够让学生清楚记录观察日落的时间、地点和特征，帮助学生在纵向比较中发现春季到夏季日落时间的变化规律；护目镜这一器材则能保护学生的眼睛，使其能够安全地进行日落观察。这些工具为学生创造了良好的自主探究氛围。在整个项目活动中，学生不仅通过实践提升了动手操作能力，还通过思考提升了总结概括能力，并能在课堂交流中听取教师与其他同学的建议，对项目过程进行反思，最终实现学习成果的自我建构。在该项目中，教师制定了相应的评价标准，对学生的作品进行评价并提供反馈，但评价方案还应该包括学生的自我评价、互相评价以及家长对学生的评价，并注重过程性评价。

表 5-3 案例"太阳公公下班了"

提出并分析问题	作出并验证假设	小组合作	活动汇报	所需器材
关于春季日落时间变化的研究报告、手抄报、海报、连环画、视频等	同学们每天都会看到日出日落，太阳公公每天下班的时间是一样的吗？ 驱动问题：在地球的同一地理位置，太阳落山的时间每天是否保持一致？	（1）提出问题 老师：同学们每天都会看到日出日落，老师有一个问题，谁能告诉我，太阳公公每天下班的时间是一样的吗？（学生回答） （2）作出假设 老师：太阳公公每天下班的时间是一样的吗？ 学生：是/不是。 （3）制订计划 老师：那我们该怎么证明太阳公公每天下班的时间是一样的还是不一样的？ 学生：每天都看看太阳公公几点下班。 （4）搜集证据 老师：那我们来认识一下护目镜和时、分、秒"三姐妹"。同学们用记录表记录太阳公公每天下班的时间时，一定要佩戴好护目镜。 （5）处理信息 老师：同学们的记录表上太阳公公每天下班的时间是一样的吗？ 学生：不是。 老师：那记录表上太阳公公每天下班的时间有什么变化？ 学生：会越来越晚。 （6）得出结论 太阳公公每天下班的时间是不一样的，并展示制作的"关于春季日落时间变化"的研究报告、手抄报、海报、连环画、视频等。 （7）表达交流 老师：同学们猜猜看，为什么太阳公公每天下班的时间是不一样的？（学生分享） 老师：其实是跟地球的自转和公转有关…… （8）反思评价 老师：同学们在记录太阳公公下班时间的这个过程中，有没有什么可以改进的地方？（学生分享）	学生在观察日落的过程中，与家长进行交流，在家长的帮助下记录较为准确的日落时间，并比较每日所记录的日落时间是否有差异，从而完成观察记录表	（1）教师材料 器材：电子表、钟表（含时、分、秒针）；护目镜（巴德膜） （2）学生材料 器材：相机或者手机（进行拍照）；护目镜（巴德膜）；画笔、画纸；笔；A4板夹 学习工具：日落观察记录表

活动案例"小猴历险记"（表5-4）创设了激发学生学习兴趣的问题"情境"，充分发挥了教师的课堂主导作用，通过恰当引导、适时追问，使作为课堂主体的学生积极参与到轨道搭建"探究"活动中，收获工程、数学、技术和科学四个方面的综合知识。在自主学习与"合作"学习中，学生利用积木数量与小球滚落距离的关系表格这一"学习工具"，最终完成了轨道搭建和关于搭建轨道的研究报告、手抄报、海报、视频等"作品"。该案例设计的活动可以联系到教科版三年级下册"物体的运动"第四课"物体在斜面上运动"。活动中，学生可以搭建由不同形状的塑料板、积木组成的轨道，并在搭建过程中收获工程、数学、技术和科学四个方面的综合知识，基于轨道制作的研究报告、手抄报、海报、视频，有助于提升学生的分析归纳能力和动手操作能力。多样化的作品展示是过程性和总结性评价的基础，能够帮助学生接受来自教师和同学的建议，从而对项目过程进行反思和改进，实现对学习成果的自我建构。这种主动参与和反思的过程有助于学生更好地理解与应用所学的知识，提高创造创新能力并培养批判性思维。案例以"如何搭建一条轨道，让动物探险团的成员们安全到达小岛？"这一驱动问题为导向，在探险的情境中提出问题，设计了学生喜闻乐见的科学活动，有助于创造愉快的教学氛围，引起学生的好奇心，激发学生学习科学的内在动机。让学生思考"如何搭建轨道"并设计方案从而动手操作，符合项目式学习中"知识只有通过行动才能获得"的思想。该案例从探究的八个方面设计了完整的探究过程，提出了明确的驱动问题，引导学生对驱动问题作出了假设，并启发学生制订了"用积木和硬纸板搭建轨道"的计划，激发了学生在动手操作中搜集证据的热情，使学生在自主实践中恰当处理信息，并自主得出"用积木搭建斜面且积木越多、斜面越高小球滚落越远""用弯塑料板可以改变小球滚落方向"两个结论，成功搭建轨道使得一次性接到三只小动物并避开路上遇到的障碍物，最后学生在课堂上对"积木越多，斜面会越来越高，小球就会滚得越远"这一结论进行表达交流，了解了与重力势能有关的科学知识，并在教师的引导下对搭建轨道的过程进行反思评价。学生在案例设计的轨道搭建活动中，可能需要与其他同学讨论彼此的想法，从而在合作中培养团队协作能力，提升沟通技巧。这样的合作性学习过程不仅能够使学生在轨道搭建过程中进行高效学习，还能培养他们的创造创新能力，为他们今后的学习打下坚实的基础。案例中提供了积木等器材和积木数量与小球滚落距离的关系表格这一学习工具，该表格能够让学生清楚记录积木数量与小球滚落距离的关系，在纵向比较中发现积木数量与小球滚落距离的线性规律；而积木和轨道器材为学生创造了良好的自主探究氛围，突出了学生的主体地位，让学生主动参与、动手动脑、积极体验。同时，教师能够根据学生的记录表对学生的探究过程进行评价，以发挥评价的诊断作用、激励作用和促进作用。这有助于引导学生对所学知识和方法进行总结、反思、应用和迁移。

表 5-4　案例"小猴历险记"

提出并分析问题	作出并验证假设	小组合作	活动汇报	所需器材
由不同形状的塑料板、积木搭建的轨道，关于搭建轨道的研究报告、手抄报、海报、视频等	在几天前一个阳光明媚的下午，小猴子在森林里游玩的时候发现在森林的深处有一座小岛。热爱探险的小猴子对森林深处的世界非常好奇，可是他没找到通往小岛的小路，于是决定跟森林里的小动物组成森林探险团，搭建一条通往小岛的滑梯通道。动物探险团的成员们要怎样才能搭好这条轨道，让动物探险团的成员们安全到达小岛？驱动问题：如何搭建一条轨道，让动物探险团的成员们安全到达小岛？	（1）提出问题 老师：动物探险团的成员们要怎样才能搭好这条轨道，让动物探险团的成员们安全到达小岛？ （2）作出假设 老师：同学们能不能帮助小动物们搭好这条轨道，让动物探险团的成员们安全到达小岛？ 学生：能/不能！ （3）制订计划 老师：我们可以利用什么材料来搭好这条轨道，让动物探险团的成员们安全到达小岛？ 学生：用积木和硬纸板。 （4）搜集证据 老师：同学们来试试看，用硬纸板和积木制作轨道，在不用手推球的情况下，让小球沿着轨道滚动起来。（学生尝试搭建斜面） 老师：老师有个问题需要同学们帮帮忙，我要怎么做才能让小球到达不同位置的指定目标？（学生调整积木的数量尝试搭建不同高度的斜面） 老师：那我们要怎样才能让小球改变运动的方向？（学生用不同形状的塑料板尝试搭建弯道） （5）处理信息 老师：通过前面的动手操作，同学们有什么发现吗？ 学生1：可以用积木搭一个像滑梯一样的轨道，这样不用手推小球，它也可以滑下来。 老师：非常棒，那咱们把这个像滑梯一样的轨道叫斜面吧！还有其他发现吗？ 学生2：积木越多，斜面越高，小球就会滚越远。 老师：是的，说得非常好，还有其他同学要分享吗？ 学生3：用弯弯的塑料板搭轨道，小球就会改变方向。 老师：同学们都很厉害，总结得非常到位！那现在我们有了一个新的任务，就是需要接三只小动物安全回家，这三只小动物分别在不同的三个地方。你能用现有的材料搭建一个最快捷、最简单的轨道，一次性接到三只小动物并避开路上遇到的障碍物吗？ （6）得出结论 从第一只小动物所在的位置开始，用积木、硬	学生在使用积木搭建轨道的过程中，与其他同学讨论彼此的想法，分享自己的作品，在交流中相互学习从而促进思维的发散，并改进轨道搭建的方法	器材：相同高度的积木、不同形状的塑料板（直形和条形）、硬纸板、小球 学习工具：积木数量与小球滚落距离的关系表格

提出并 分析问题	作出并验证 假设	小组合作	活动汇报	所需器材
		纸板、不同形状的塑料板搭建一条轨道，顺次连接到第二只和第三只小动物所在的位置，最后到达终点，中间利用弯塑料板避开障碍物。制作关于搭建轨道的研究报告、手抄报、海报、视频等。 （7）表达交流 老师：同学们猜猜看，为什么我们会得到"积木越多，斜面越高，小球就会滚得越远"这个结论？（学生分享） 老师：其实是跟重力势能有关…… （8）反思评价 老师：同学们在搭建轨道的这个过程中，有没有什么可以改进的地方？（学生分享） 老师：同学们可以在课后进一步思考两个问题：小球如何能在不被推动的情况下上坡？小山的高度是如何影响小球爬坡的？		

该案例设计的活动过程有助于促进学生思维的发散，并提升学生的创造创新能力。但在评价方面仍有可改进之处，应包括教师的评价、学生的自我评价、互相评价以及家长对学生的评价，在注重结果性评价的同时注重过程性评价。

第二节　小学课外科学活动设计案例

从小学课外科学活动设计案例延伸至基于科技场馆的小学科学活动设计案例，是为了更好地拓展学生的科学学习空间与体验。科技场馆作为科学知识展示与实践的重要场所，提供了丰富的科学展品和实验设备，为学生提供了近距离接触科学的机会。通过参观科技场馆，学生可以亲身感受科学知识的魅力，触摸科技的前沿，激发对科学的好奇心和探索欲望。这种过渡不仅拓展了学生的学习环境，还为他们提供了更加直观和深入的科学学习体验，促进了他们对科学的理解与认知。

一、基于科技场馆的小学科学活动设计案例

科技场馆是社会中重要的科学教育基地，在科学内容的宣传和教育方面发挥着积极的作用，担负着全民科普的责任。自 20 世纪 80 年代以来，场馆学习领域大量的研究都验证了科技场馆具有多元的学习结果，对观众的知识、情感和技能

等方面均有明显的促进作用。威灵顿（Wellington，1990）认为，科技场馆学习在认知、情感和动作技能方面具有显著的促进作用。还有研究者把科技场馆学习的结果归纳为知识、情感、欣赏、社会、文化和审美 6 个方面（谢娟，2017）。福尔克和迪尔金（Falk and Dierking，2004）总结了前人的分类标准后，将场馆学习的结果分为 4 个相对独立的维度：知识和技能、观念和意识、动机和兴趣、社会学习。随后，福尔克等（Falk et al.，2004）通过对参观互动展品的观众进行访谈，验证了这四种学习结果是同时存在的。尽管存在不同的分类，但研究者们对于"科技场馆学习具有多元结果"这个观点已达成了共识。同时，研究表明，科技场馆学习的效果不仅出现在当下，还具有长时间的保持性，即在参观结束后很长时间，观众还能回忆起与科技场馆有关的内容等（谢娟，2017）。在以往研究的基础上，可将科技场馆学习的结果总结为以下四个方面：知识概念、情感态度、动作技能和社会交流。翟俊卿等（2018）归纳出辅助儿童在参观科技场馆过程中学习科学的四种主要形式：①设置目标策略；②提供指示信息；③促进探究型对话；④创设互动。王宁等（2021）表明，科技场馆学习活动设计应先进行前期分析，即分析活动对象、活动内容、学习需要、学习支架、活动目标，并总结出活动实施的五个步骤：①创设情境，激发动机；②正向引导，唤醒身体；③具身体验，持续交互；④生成内化，共享经验；⑤引导修正，强化认知；⑥活动评价。李响和孙宝玲（2023）指出，科技场馆科普教育活动部署可以归结为以下 6 个步骤：①制订科普活动方案和安全预案；②下发活动通知给各中小学校负责实施科普活动的科技教师或科技辅导员；③对科学教师、科普志愿者或科技辅导员开展专题培训，明确活动对象、时间、要求、内容、形式等；④学生们按要求参与场馆科普教育活动；⑤对学生们的参与过程做出评价；⑥撰写活动总结报告。在以往研究的基础上，可将科技场馆学习的过程总结为以下四个方面：确定目标、设计环节、具身体验、总结反思。

　　科技场馆学习基于课程标准与教材的科学活动设计内涵：小学科学学习须与国家课程标准、教材相结合，在学习目标的导向下设计科技场馆活动环节，才能让学生在具身体验与总结反思中提高科学兴趣，提升科学素养，同时促使科技场馆资源得到最大化的利用。2017 年版《义务教育小学科学课程标准》在"课程性质"模块指出：小学科学课程是一门基础性课程、实践性课程、综合性课程。而科技场馆能够充分展示科学课程的实践性和综合性特点。2017 年版标准还明确表明："要发挥各类科普场馆的作用，因地制宜设立定点、定时、定人的科学教育基地，便于学生在课程实施过程中进行参观和学习。"科技场馆等都可以作为科学学习的场所，可见科技场馆在科学教育中的重要地位。同时，在"教学建议"模块也指出："在更广阔的时间和空间里学习科学，需要教师的精心策划。""要使学生在科技馆、博物馆、青少年科普教育实践基地流连忘返，不走马观花，最好的方法也是让他们带上任务清单，事前由教师设计好观察什么、计算什么、操作什么、思考什么。"

《义务教育科学课程标准（2022年版）》在教学策略中建议：利用"周边科普场馆等，创设教学情境，加深学生对所学知识的理解"。其中，在"课程资源开发与利用"模块指出：教师"要重视课程资源的整合与利用，力争做到课程资源与科学教学的有机结合……校外学习与校内学习的相互促进""注重社会资源的开发与利用。要发挥各类科技馆、博物馆、天文馆等科普场馆和高等院校、科研院所、科技园、高新技术企业等机构的作用，把校外学习与校内学习结合起来，因地制宜设立科学教育基地，补充校内资源的不足"。2022年版标准更加强调科技场馆与科学教学的有机结合，突出应为学生创设教学情境以巩固科技场馆所学。

活动案例"五大地形"（表5-5）以"借科技之力，识五大地形"这一主题为导向，确定了此次科技场馆学习的"目标"，从活动对象、活动内容、模型设计三个方面设计充分调动学生积极性的"环节"，在场馆工作人员的引导下，学生通过动手操作，在"具身体验"中将指示旗放置到相应的地形位置（图5-1），习得了有关五大地形的科学知识，促进了与同伴和场馆工作人员的交流合作。该案例根据课程标准科学知识总目标"认识地球的面貌"的要求，并结合科技场馆的科普作用，确定具体学习目标为：学生能识别高原、山地、盆地、平原、丘陵等主要地形，分析并归纳其特点。该案例充分发挥了科技场馆的科普作用，创设了让学生沉浸式学习五大地形的教学情境，让学生在课外科学学习场所轻松地学习科学知识，有助于学生运用科学技术对五大地形相关知识进行自主探究，加深对相关知识的印象。由教师在活动前确定此次活动的目标，可以促使学生在科技场馆中有目的、有意识地进行自主学习，完成学习任务，提高学习效率，符合2017年版《义务教育小学科学课程标准》中"在更广阔的时间和空间里学习科学，需要教师的精心策划"的教学建议。在设计环节，科技场馆根据活动对象和活动内容，围绕物体、个人、社会三个方面进行模型设计。在物体方面，科技场馆用废旧报纸、黏土做出五种地形的基本形状，在模型装置的背板上介绍模型装置的基本要素，如长、宽、高和比例尺等，并在背板上提示学生"将指示旗放置在对应地形上，如果你有任何问题，可以扫描下方二维码观看讲解视频"。在个人方面，围绕"如何提高学生学习五大地形的兴趣、如何联系学生已有的知识、如何对学生更友好"等问题，科技场馆使用环境友好型的鲜艳颜料对模型进

表 5-5　案例"五大地形"

确定目标	设计环节	具身体验	总结反思
能识别高原、山地、盆地、平原、丘陵等主要地形，分析并归纳其特点	（1）活动对象 本次参观科技场馆的是小学高年级阶段的学生，具备一定的逻辑推理能力，而且对待未知事物具有强烈的好奇心和探索欲望。 （2）活动内容 学生已了解高原、山地、盆地、丘陵和平原等主要地形形成的原因，明晰"地形""地势"等概念。参观科技场馆的目标是：观察各类地形的地势，为科技馆内的地形模型放置指示旗，总结不同地形的海拔特点。 （3）模型设计 在物体方面，科技场馆用废旧报纸、黏土做出五种地形的基本形状，在模型装置的背板上介绍模型装置的基本要素，如长、宽、高和比例尺等，并在背板上提示学生"将指示旗放置在对应地形上，如果你有任何问题，可以扫描下方二维码观看讲解视频"。在个人方面，围绕"如何提高学生学习五大地形的兴趣、如何联系学生已有的知识、如何对学生更友好"等问题，科技场馆使用环境友好型的鲜艳颜料对模型进行上色，以提升学生学习五大地形的兴趣；学生在场馆工作人员的引导下利用场馆的地形模型，回忆已有知识，猜测各地形的地势并放置指示旗，学生在区分五大地形并放置指示旗时，可能会出现两种情况：①直接放置指示旗，结果正确；②选择先扫码观看视频，再放置指示旗，此时有可能提高正确率，但也可能出现错误，出现错误继续修正。为方便学生自主学习，该模型装置附有五大地形的讲解视频二维码，以提高学生学习五大地形的针对性和时效性，并配备 VR 眼镜供学生模拟实地观察。在社会方面，学生可与同伴或场馆工作人员交流，认识并总结五大地形的海拔特点	工作人员：现在同学们看到的模型，呈现了高原、山地、盆地、丘陵和平原五大地形。同学们可以观察到什么？ 学生 1：它们的高度不同！ 工作人员：很好，其实这位同学所说的高度，专业名词为"地势"，也就是指地表形态起伏的高低与险峻的态势。那么同学们继续观察，尝试猜测各地形的地势，并放置指示旗。（学生操作） 工作人员：同学们，如果屏幕提示操作有误，请同学们思考后调整指示旗的位置，实在不知道指示旗该放在哪里，可以扫描地形相对应的二维码，观看讲解视频后再进行放置。 工作人员：同学们的指示旗都放置到相应的地形上了，那谁能跟大家分享一下放置指示旗的思路？ 学生 2：我从地形的名称猜测，地表形态起伏最大的应该是山地，丘陵起伏肯定比山地小，平原起伏也肯定不大，但是盆地、高原我确定不了它们的起伏程度，但是高原肯定很高，这里的高指海拔高。 工作人员：思路很清晰，这样大致就能确定指示旗的位置了。"海拔"是指地面某个地点与海平面之间的垂直距离。那么从海拔、面积、体积等方面来看，这五大地形有什么区别？ 学生 3：最高的是高原，面积也比较大。山地很陡，起伏很大。 工作人员：没错，高原的海拔一般在 1000 米以上，面积广大，地势相对平坦，周边以明显的陡坡为界，我们把比较完整的大面积隆起地区称为高原。是的，山地很陡，也就是相对高度差很大，一般在 200 米以上，海拔在 500 米以上。 学生 4：丘陵有连绵不断的低矮山丘，平原很平，盆地四周高中间低。 工作人员：非常好，丘陵的山丘是高低起伏的，丘陵一般海拔在 250 米以上 500 米以下，相对高度一般不超过 210 米。陆地上海拔较低地面起伏比较小的地区称为平原，它的主要特点是地势低平，起伏和缓，相对高度一般不超过 55 米。盆地四周高、中间低。同学们可以佩戴 VR 眼镜模拟实地观察，强化体验	（1）部分学生可能未携带电子设备进行二维码扫描，可以提前与科技场馆沟通了解情况，提前告知学生需携带可联网的电子产品，或请科技场馆统一播放视频。 （2）教师应当制定对学生学习成果的评价准则，包括最终性评价和过程性评价，还可以包括学生的自评、互评和科技场馆工作人员对学生的评价。 （3）教师仍应进行课堂回顾，巩固学生在科技场馆所习得的内容

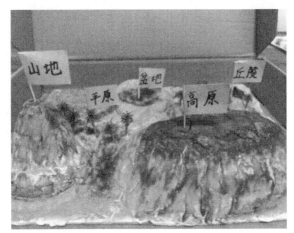

图 5-1 五大地形模型（笔者课程中的学生小组作品）

行上色，使得当这个模型进入学生视线时，学生会首先被色彩丰富的地形吸引，以提升学生学习五大地形的兴趣；学生在场馆工作人员的引导下，利用场馆的地形模型，回忆地势、海拔、相对高度等已有知识，猜测各地形的地势并放置指示旗；为方便学生自主学习，该模型装置附有五大地形的讲解视频二维码，以供学生区分五大地形并对其特点进行分析总结，形成五大地形的系统知识，并配备虚拟现实（virtual reality，VR）眼镜供学生模拟实地观察，有助于学生将理论应用于实际，强化体验，实现学习成果的转化与应用。在社会方面，学生可与同伴或场馆工作人员交流，认识并总结五大地形的海拔特点，有助于提升学生的分析能力、批判性思维能力和与人友好交流的能力。活动结束后，教师也对此次活动进行了总结反思，有助于及时发现问题，总结经验教训，从而提高工作能力和工作水平，以便更好地开展教育教学活动。

在整个科技场馆活动中，学生不仅在动手操作中提升了自主学习能力，还在与同伴和场馆工作人员的交流中提升了总结概括能力。在该活动中，教师还应制定相应的评价标准对学生的学习成果进行评价并提供反馈，评价方案应包括最终性评价、过程性评价、学生的自我评价、互相评价以及科技场馆工作人员对学生的评价。

二、基于课外兴趣小组的小学科学活动设计案例

从小学课外科学活动设计案例延伸至基于课外兴趣小组的小学科学活动设计案例，这种以小组为单位的学习方式，不仅能够培养学生的团队合作能力，还能够激发他们的学习热情和主动性。通过与志同道合的伙伴共同学习和探索，学生

能够在愉悦的氛围中提升科学素养，培养创新思维和问题解决能力。这样的过渡，将学生的学习从传统的课堂教学模式中解放出来，为他们提供了更加个性化、更有趣味的科学学习路径。

课外兴趣小组，又称课外活动小组、学科兴趣小组、兴趣小组活动、兴趣活动，是具有相同兴趣和爱好的学生在教师指导下或自愿结成的活动小组（袁运开，2000）。20 世纪 80 年代以前，兴趣小组活动作为课外活动的一部分，其存在的价值是弥补传统课堂教学的不足，变学习兴趣为学习志趣（瞿葆奎，1988）；80 年代中期，随着我国基础教育的恢复和发展，在《关于教育体制改革的决定》的鼓舞下，中小学形成"课堂教学、课外活动相结合"的模式，课外活动包括各种兴趣小组；90 年代，兴趣小组活动开始课程化；1992 年发布的《九年义务教育全日制小学、初级中学课程计划（试行）》明确提出："课程包括学科、活动两部分……活动在实施全面发展教育中同学科相辅相成。"2001 年，我国新一轮基础教育课程改革启动，《基础教育课程改革纲要（试行）》强调了课程的地方性和学校的自主性。钟启泉等（2003）表明，这类课程与活动的价值是促进学生个性的全面发展、学校特色的形成。随着时代的发展，兴趣小组活动的价值定位越来越清晰，其终极目标是实现学生潜能多样化、最大的发展（邵玉茹和胡惠闵，2007）。例如，周为宇（1998）长期坚持对学生开展化学课外兴趣活动，具体做法如下：①组织课外兴趣活动小组并确定其意义；②确定课外兴趣小组的开展内容；③验证课外兴趣小组的效果。傅雨露和徐正（2007）开展的课外兴趣小组活动流程如下：①确定活动内容及方式；②成果展示汇报；③学生自评及任课教师测评。梁宇恩和张宪乐（2015）认为，课外兴趣小组是一种有效的课外学习形式，通过合理的组织与管理，能够取得较好的学习效果，具体做法为：①创建课外兴趣小组并明确组内成员的任务分工；②制订兴趣小组的工作计划并优化兴趣小组的组织结构；③从基础知识、专业培训和项目指导三个方面辅导兴趣小组。林楚（2015）认为，展开课外兴趣小组的策略为：①教师制订较为完整的活动目标和活动计划；②组织学生进行分组并加强管理；③教师引导小组成员进行自主学习并付诸实践。在以往实践经验的基础上，可将开展兴趣小组活动的过程总结为以下四个方面：确立目标、规划内容、活动汇报、评价反思。

课外兴趣小组学习基于课程标准与教材的科学活动设计内涵：小学科学学习须与国家课程标准、教材相结合，在小组目标的导向下规划课外小组活动内容，才能让学生在合作、汇报活动中培养科学爱好，在教师和其他同学的评价中反思得以提升自主学习能力。课外兴趣小组对我国科学课程标准的发展产生了正向作用。2017 年版《义务教育小学科学课程标准》在教材编写建议中指出:"教科书的内容应能引导学生将课内的学习与课外实践、课外阅读结合起来,引导学生通过各种途径拓展知识、开展更多的探究活动,并运用知识解决力所能及的问题。"活动手册应"体现课堂教学和课外活动的联系。活动手册应引导学生将探究活动从课堂拓展到校外,围绕学生生活中常见的事物提出探究活动的主题,鼓励学生开展自主探究"。这些要求指明了开展课外兴趣小组的方向。《义务教育科学课程标准(2022 年版)》在教材内容选择中增加"体现开放性和灵活性。教材内容要满足不同学生的需要"这一要求,体现开展课外兴趣小组应更具开放性,做到因材施教。

活动案例"太阳系小组"(表 5-6)以"探究太阳系的重要组成部分及其位置"这一"目标"为导向,引导学生根据兴趣自主对太阳系进行探究,并从物体、个人、社会三个方面自行"规划内容",让学生深入探索太阳系,掌握科学研究的基础步骤、数据收集方法以及数据分析技巧,并了解与太阳系有关的基本科学概念,有助于培养学生的自主探究能力和自主学习能力。在探究期间,学生与同伴交流合作,利用太阳系数据表绘制海报。最后由小组学生代表进行"活动汇报"并展示海报,在教师和其他同学的"评价"中对小组活动进行"反思"。5~6 年级应知道太阳是太阳系的中心天体,知道太阳系中有八颗行星,描述它们在太阳系中的相对位置,并在活动建议中提到:教师可以指导学生收集资料,认识太阳系八颗行星及其大小、位置的相对关系。故可根据学生兴趣成立课外兴趣小组——太阳系小组,并确立小组目标是探究太阳系的重要组成部分及其位置。太阳系小组汇聚了有相同兴趣爱好的学生共同完成该目标,有助于为学生营造轻松快乐的学习氛围,小组学生也能在合作中习得与太阳系相关的理论知识,锻炼科学探究的实用技能。小组在该目标的导向下规划的活动内容,可以联系到教科版六年级下册第三单元"宇宙"。在活动设计环节,教师和学生围绕物体、个人、社会三个方面进行。在物体方面,鉴于探究对象较为抽象,学生可以充分利用互联网等现代信息技术对太阳系进行探究。在教师的引导下,学生分组收集不同天体的特性和与太阳的距离信息,并基于这些信息所填的太阳系数据表,进行太阳系海报的绘制。该数据表有助于学生系统搜集信息,使学生在纵向比较记录表的过程中对各星体的位置进行排列。在个人方面,围绕如何联系学生已有的知识、如何降低认知负荷等问题,教师可以引导学生联系比例尺等相关知识,于所在地区地图上绘制太阳系各行星的大致位置,将三维图像呈现成二维平面,让学生理解不同天体与中心太阳的距离,并将太阳系各行星的位置更清晰地呈现

表 5-6　案例"太阳系小组"

确立目标	规划内容	活动汇报	评价反思
探究太阳系的重要组成部分及其位置	（1）活动设计 在活动设计环节，教师和学生围绕物体、个人、社会三个方面进行。在物体方面，学生可以充分利用互联网等现代信息技术对太阳系进行探究。在教师的引导下，学生分组收集不同天体的特性和与太阳的距离信息，并基于这些信息所填的太阳系数据表，进行太阳系海报的绘制。在个人方面，围绕如何联系学生已有的知识、如何降低认知负荷等问题，教师可以引导学生联系比例尺等相关知识，于所在城市地图上绘制太阳系各行星的大致位置，将三维图像呈现成二维平面。在社会方面，学生在收集信息绘制海报的过程中，可与同伴或老师充分交流，形成对太阳系的系统知识。 （2）执行计划 老师：咱们的太阳系小组成立啦！大家因为对太阳系的重要组成部分及其位置感兴趣而聚在一起，那么谁能跟大家分享一下太阳系为什么叫太阳系呢？ 学生 1：整个太阳系系统都是以太阳为中心进行运转的。太阳处于太阳系的中央，不停地以惊人的速度把光和热辐射出去，并用它强有力的引力来维持这个系统的运转，所以称这个系统为太阳系。 老师：那么太阳系有哪些组成部分呢？ 学生 2：太阳、行星、小行星、矮行星、卫星，还有一类彗星。 学生 3：行星还可以分为类地行星和类木行星。 老师：总结得很好！那么同学们还想更深入地了解太阳系的哪些内容？ 学生 4：我想知道太阳系的这些组成部分是如何分类的。 学生 5：这些星体大概离太阳多远。 学生 6：还可以画一幅图看得更直观！ 老师：那么我们就分为三个小组，第一小组负责查询各类星体的特征；第二小组负责探究各类星体与太阳之间的距离；第三小组根据前两组同学搜集的内容并参考网上的资料，画出太阳系的简图，在所在城市地图上绘制太阳系各行星的大致位置。 （3）搜集证据 各组学生分头查询并完成太阳系数据。 （4）处理信息并得出结论 把各组学生分头查询的资料汇总分析并绘图	学生代表陈述小组成员共同的结论，展示共同产出的基于太阳系数据表制作的海报作品	在探究太阳系的重要组成部分及其位置的过程中都遇到过哪些问题？对得出研究结论可能会产生什么样的影响？你/你们小组是如何解决这些问题的？如果继续探究太阳系的其他组成部分及其位置，在探究过程中有什么可以改进的地方，让自己/小组的结论更加准确可信？

出来，体现了科学的严谨性与便捷性，有助于学生将理论应用于实际，强化体验，实现学习成果的转化与应用。在社会方面，学生在收集信息绘制海报的过程中，可与同伴或老师充分交流，形成对太阳系的系统知识，有助于提升学生的动手操作、动脑思考的能力以及与人友好交流的能力。最后由小组学生代表展示其小组绘制的海报并做简单陈述，在教师的引导下对活动的过程进行反思评价。该小组使用的太阳系数据表这一学习工具，能够让学生清楚记录太阳系的组成部分、各行星和太阳之间的距离等信息，为学生创造良好的自主探究氛围。

　　在整个项目活动中，学生不仅通过实践提升了动手操作能力，还通过思考提升了总结概括能力，并能在交流中听取教师与其他同学的建议，对项目过程进行反思，最终实现学习成果的自我建构。在该项目中，教师还应制定相应的评价标准对学生的作品进行评价并提供反馈，评价方案应包括学生的自我评价、互相评价以及家长对学生的评价。

小学课外科学活动设计案例为学生提供了丰富的实践机会，帮助他们在课堂之外探索科学的乐趣与奥秘。随着科技的迅速发展，我们可以进一步拓展这一领域，将学习体验延伸至虚拟空间。基于虚拟空间的小学科学活动设计案例，为学生提供了身临其境的科学学习体验，使他们可以在虚拟环境中进行各种科学实验和探索，拓宽他们的视野，激发他们的创造力和想象力。这种新型的科学活动设计不仅可以突破地域限制，让更多的学生受益，还可以提供更加安全和便捷的学习方式，为小学生的科学教育注入新的活力和动力。

三、基于虚拟空间的小学科学活动设计案例

在大数据时代背景下，网络教学实践不但能够有效地锻炼师生，而且进一步明确了未来教育变化的主要方向，即实体空间与虚拟空间两者的有机结合。关于虚拟空间的定义尚未达成共识，不同领域的学者在其不同发展阶段给出了不同的定义。在虚拟空间的发展过程中，衍生出"网络空间""赛博空间""数字空间""元宇宙"等一系列内涵各有侧重的概念簇。这些概念界定描述了虚拟空间从计算机网络向真实社会生产、生活空间逐渐具象化、应用化的过程，而虚拟空间则是这一系列概念的集合与凝练。国容毓等（2024）基于既有研究结论及虚拟空间的技术特征，将虚拟空间定义为基于数字技术构建的虚实融合的空间。在这一空间中，人、组织、人工智能体等主体和要素以虚拟形式参与和呈现，其构建基于三个核心要素：技术基础、虚实融合、参与主体。根据虚拟现实系统对沉浸性程度和交互性程度的不同，将其分为三种类型：非沉浸式虚拟现实系统、半沉浸式虚拟现实系统和沉浸式虚拟现实系统。沉浸式虚拟实验环境是虚拟现实在教育教学领域的实际应用，借助虚拟现实技术，学习者使用不同的交互设备，以自然的方式进行虚拟实验操作，从而产生与真实实验类似的感受，体会实验过程，获取实验数据，并能对实验数据进行统计分析等操作。这里的虚拟空间即指沉浸式虚拟实验环境。

曼托瓦尼等（Mantovani et al.，2003）讨论了在教育和培训中使用虚拟现实的几个潜在好处。①可视化：一种展示材料的新方法；②在现实生活中不可能或难以体验的环境中学习；③学习动机增强；④促进合作；⑤适应性：为学习者根

据其特征和需求定制学习内容的可能性；⑥评估：由于在虚拟环境中可以轻松监控和记录活动，因此作为评估工具具有巨大潜力。祝士明和陈静潇（2019）基于虚拟现实技术的教学研究发现，虚拟现实学习环境可以激发学习动机，实现情境学习，激发学习者高阶思维，辅助学习者情感教育，促进学习者个性化学习。罗恒等（2021）的研究表明，虚拟现实在基础教育领域的应用研究有明显的增长趋势，对教学效果产生了总体较为积极的影响。例如，李亮等（2019）指出，虚拟现实更多地用于系统化、体系化的知识内容的构建。在教学虚拟场景中，采用过程性、演进性的方法，在沉浸化的学习环境中构建相关的学习场景，使学习者以身临其境的感觉获取相关的知识内容。在教学设计上，主要强调沉浸化的虚拟情境创设、教学过程的完整性。李小平等（2017）的研究表明，在虚拟现实教学课程任务设计中，共有三部分任务：教师的任务、学生的任务和制作团队的任务。①教师的任务：教师在虚拟现实教学设计时需要全新的教学思路，在分析教学目标的基础上，首先要确定教学的对象，从心理、叙事方式、空间展示程度上进行全面分析，并给出知识点分解颗粒度，对知识进行分解和工科问题的转换。②学生的任务：完成对知识的体验，深入理解知识，并对空间的感受程度进行评价。教师将根据学生的评价及时调整虚拟现实教学策略。③制作团队的任务：根据分解的知识进行落地化设计，按照教学任务的要求完成从问题到故事的转换，并进行虚拟现实课程编导、课程的设计和空间互动设计。在以往研究的基础上，可将基于虚拟空间的学习过程总结为以下四个方面：确定教学目标、分解知识点、体验虚拟空间、评价反思调整。

虚拟空间学习基于课程标准与教材的科学活动设计内涵：小学科学学习须与国家课程标准、教材相结合，在学习目标的导向下分解知识点，才能让学生在虚拟空间中进行沉浸式知识学习，在教师和其他同学的评价中进行反思，最终形成个性化、系统化的知识体系，教师也可以根据学生的反馈对融合虚拟空间的课堂进行调整，实现教学相长。2017 年版《义务教育小学科学课程标准》指出，"现代教学媒体及技术不仅可以为科学知识的学习服务，也可以为科学探究的学习服务，如利用数字化信息技术（digital information system，DIS）进行科学探究"，指导学校和教师可以充分利用数字化信息技术为学生创设虚拟空间。《义务教育科学课程标准（2022 年版）》在"课程资源开发与利用"模块明确指出，应"充分利用网络资源开展科学教学""教师应利用信息技术辅助手段，如虚拟仿真实验、数字化实验等，让学生比较直观便捷地学习相关知识"。学校与教师还应关注多媒体软件等资源的开发与使用，更加明确了虚拟空间在教育教学活动中的辅助作用。

活动案例"能量的形式"（表5-7）以"了解不同形式的能量，知道不同能量之间的转化"这一"教学目标"为导向，联系课程标准对知识点进行更细致的"分解"，让学生在虚拟空间中"体验"预测、探究、问答、解释、反思五大板块，最后学生在教师的反馈中总结巩固所学知识，教师亦依据学生的评价反馈"反思并调整"课堂，实现教学相长。该案例首先依据课程标准在科学知识目标中的要求，确定活动的目标为：了解不同形式的能量，知道不同能量之间的转化，以此为导向设计课堂科学活动，可以联系到教科版六年级上册"能量"第一课"各种形式的能量"。进而根据课程内容"自然界中存在多种能量的表现形式，一种表现形式的能量可以转换为另一种表现形式"，对知识点进行分解：知道声、光、热、电、磁都是自然界中存在的能量形式，观察生活现象中机械能、声能、光能、热能、电能、磁能之间的转换。这有助于制作团队按照教学任务的要求完成从问题到故事的转换，按照分解的知识进行落地化设计，为学生创设沉浸化的虚拟情境；也有助于教师更好地组织教学内容，掌握课堂节奏，提升教学效果。在虚拟空间活动设计过程中，制作团队围绕物体、个人、社会三个方面进行活动设计。在物体方面，鉴于探究对象较为抽象，制作团队利用动画效果，使学生能够在自主操作中了解各种形式的能量，并理解各种形式能量之间的转化。该动画效果有助于调动学生的积极性，让学生在轻松的氛围中学习能量的相关知识。在个人方面，围绕"如何降低认知负荷、如何让学生更多地访问网站"等问题，教师可以指导学生依次进入"预测—探究—问答—解释—反思"板块进行沉浸式知识学习，当学生不确定其答案时，还可以再次进入"探究"板块进行视频观察，有助于学生自主攻破薄弱知识，以形成个性化、系统化的知识体系。在社会方面，学生在自主体验虚拟空间的过程中，可与同伴或老师充分交流，形成能量的系统知识，有助于提升学生的动手操作、动脑思考的能力和与人友好交流的能力。学生在体验虚拟空间的过程中，首先进入"预测"板块听教师介绍课程的任务及如何使用平台，并观看短视频，按照提示"小孩骑自行车过程中，会发生哪些能量间的转换？"完成关于能量的形式和转化的知识预测；接着进入"探究"板块，按照操作指导，在虚拟模拟实验中进行观察以验证他们的预测；然后进入"问答"板块，依次回答"小孩累了骑不动后，需要给她补充＿＿能？小孩骑车带动车轮滚动，发生了＿＿能到＿＿能的转换？"等7个预测分问题；最后进

表 5-7　案例"能量的形式"

确定教学目标	分解知识点	体验虚拟空间	评价反思调整
了解不同形式的能量，知道不同能量之间的转化	（1）知道声、光、热、电、磁都是自然界中存在的能量形式。（2）观察生活现象中机械能、声能、光能、热能、电能、磁能之间的转化	1. 虚拟空间活动设计 在虚拟空间活动设计过程中，制作团队围绕物体、个人、社会三个方面进行活动设计。在物体方面，鉴于探究对象较为抽象，制作团队利用动画效果，使学生能够在自主操作中了解各种形式的能量，并理解各种形式能量之间的转化。在个人方面，围绕"如何降低认知负荷、如何让学生更多地访问网站"等问题，教师可以指导学生依次进入"预测—探究—问答—解释—反思"板块进行沉浸式知识学习，当学生不确定其答案时，还可以再次进入探究模块进行视频观察。在社会方面，学生在自主体验虚拟空间的过程中，可与同伴或老师充分交流，形成能量的系统知识。 2. 体验虚拟空间 （1）"预测"板块 听教师介绍课程的任务及如何使用平台，并观看短视频，按照提示"小孩骑自行车过程中，会发生哪些能间的转换？"完成关于能量的形式和转化的知识预测。 （2）"探究"板块 按照操作指导，在虚拟模拟实验中进行观察以验证他们的预测。 （3）"问答"板块 依次回答"小孩累了骑不动后，需要给他补充___能? 小孩骑车带动车轮滚动，发生了___能到___能的转换？"等7个预测分问题。 （4）"解释"板块 再次回答预测问题并解释原因，教师依据评分标准对学生的论证性回答进行评分，并在活动结束后由教师给予反馈，收到反馈后，学生们重新修改他们的答案。 （5）"反思"板块 向教师提供使用虚拟空间进行知识学习的反馈（图 5-2、图 5-3）	教师制定了相应的评价标准对学生的论证性回答进行评价并提供反馈，但评价方案还应该包括学生的自我评价、互相评价，并注重过程性评价

A (Prediction page)

B (Observation page)

C (Scaffolding page)

D (Explanation page)

图 5-2　"预测—探究—问答—解释—反思"板块的页面

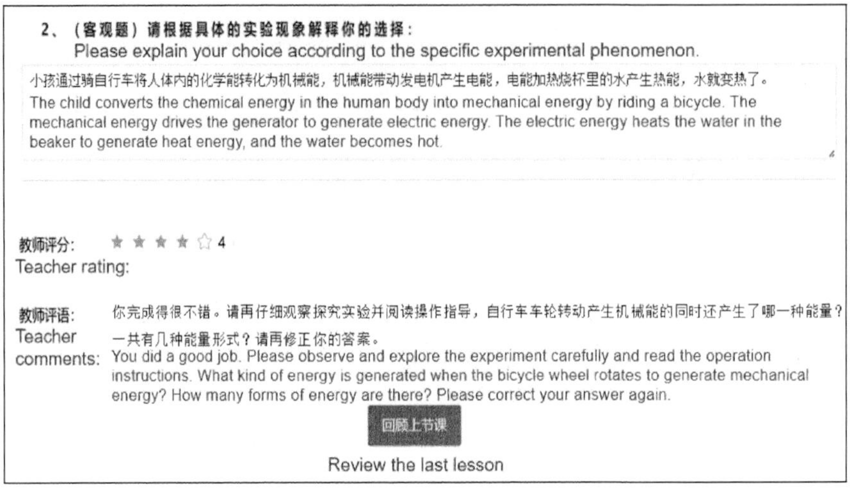

图 5-3　接收学习活动反馈的页面（Zheng et al.，2024）

入"解释"板块，再次回答预测问题并解释原因，教师依据评分标准（表 5-8）对学生的论证性回答进行评分，并在活动结束后由教师给予反馈，收到反馈后，学生们重新更正他们的答案。另外，学生还可以利用"反思"板块向教师提供使用虚拟空间进行知识学习的反馈，教师则可以依据学生的评价反馈进行反思并调整教学。该体验过程由学生探究和教师反馈形成闭环，虚拟空间为学生进行自主探究学习提供了技术辅助，借助现代科技充分调动其积极性；同时，虚拟空间也为教师引导学生学习和反思调整课堂提供了便利，教师能够根据学生的论证性回答对学生的探究过程及结果进行评价，以发挥评价的诊断功能、激励作用和促进作用，这有助于引导学生对所学知识和方法进行总结、反思、应用与迁移，让学生巩固活动中所学的知识与技能。此外，学生在模拟实验过程中，可以与教师和其他同学充分交流讨论，最终实现学习成果的自我建构。

表 5-8　评分标准

分数	评分标准	反馈	学生回答的例子
1	空白，脱离任务，或者"我不知道"	你忘记解释你的选择了吗？请回到观察页，仔细观察实验中能量之间的转化，然后填写解释性答案	我不知道
2	错误的说法/数据解释	你需要再次阅读教学提示，仔细观察模拟实验现象。孩子、自行车、发电机，在发电机和实验中烧杯里的水发生了什么？机械能是如何经过一系列的转化最终变成热能的？产生了什么能量？再看一遍实验并更正你的答案	自行车带动水轮，机械能转化为热能，使烧杯里的水温度升高

续表

分数	评分标准	反馈	学生回答的例子
3	阐述了部分数据或推理	你的解释接近正确答案。请仔细看看这个调查实验。与自行车产生的机械能一起产生的是什么类型的能量？发电机旋转后产生什么能量？热能是如何产生的？请把你的答案再更正一遍	化学能转化为机械能，车轮转动的机械能转化为热能，水是热的
4	充分阐述了要点	你做得很好。请仔细观察和探索实验，并阅读操作说明。自行车车轮旋转产生机械能时，产生的是什么样的能量？能量有多少种形式？请把你的答案再更正一遍	孩子骑自行车把人体内的化学能转化为机械能，机械能驱动发电机产生电能，电能加热烧杯中的水产生热能，水变热
5	充分阐述科学现象	你做得很好，你的答案完全正确！	孩子体内的化学能通过自行车转化为机械能，一些机械能变成热能，大部分变成电能。电能通过发电机转化为热能，发电机加热烧杯，烧杯里的水沸腾了

在整个虚拟空间活动中，学生不仅通过模拟实验提升了动手操作能力，还通过思考提升了总结概括能力，并能在同伴交流与教师反馈中实现学习成果的自我建构。在该项目中，教师制定了相应的评价标准对学生的论证性回答进行评价并提供反馈，但评价方案还应该包括学生的自我评价、互相评价，并注重过程性评价。

第三节　整合小学课堂与课外科学活动的设计案例

整合小学课堂与课外科学活动的设计案例，为学生提供了丰富多样的学习体验，拓宽了他们的视野和知识面。随着科技的不断进步，我们可以进一步将学习资源整合，为学生打造更加丰富深入的学习环境。小学课堂与科技场馆的整合活动案例，将科学教育延伸至科技场馆，为学生提供了与课堂学习相辅相成的实践机会。学生不仅可以在课堂上学到知识，还可以通过实地参观和实践活动，深入了解科学原理，增强对科学的理解和兴趣。这种整合活动不仅丰富了学生的学习体验，还促进了学科知识的跨学科整合，培养了学生的综合素养和创新思维。

一、小学课堂与科技场馆的整合活动案例

2006 年下发的《中央文明办、教育部、中国科协关于开展"科技馆活动进校园"工作的通知》，要求将科技场馆资源与学校教育特别是科学教育结合起

来，促进科技场馆的教育与学校科学教育有效衔接。由此，馆校结合在全国全面开展。至今，馆校结合已持续开展十余年，全国各地科技场馆经过探索与实践取得了丰硕的成果，馆校合作主要分为两个阶段。第一阶段，馆校结合前十年的实践阶段，该阶段的馆校结合主要以两种形式展开：一是科技场馆活动走进校园，即科技场馆与学校的活动周、科技节等结合，把科普展品、科普展板、机器人、趣味实验表演等带到校园，如科普大篷车；二是学生走进科技场馆，即学生走进科技场馆参观学习，如学校组织学生到科技场馆春秋游、寒暑假期间做"小小科技辅导员"等。第二阶段，学校与科技场馆的深入结合阶段。近年来，很多科技场馆依托展厅展教资源，以科学课程标准为指导，专门为学校打造课程，深化了馆校的合作关系，获得了较好的评价，科技场馆的教育功能也越来越凸显。刘文利（2008）表明，科技场馆和学校科学教育是密不可分的，两者之间各取所长、互补所短，起到了相辅相成的作用。

将科技场馆的教育资源与学校课程资源有机结合，对学生进行课程教育，非常有助于学生学习效果的提升。扈先勤等（2010）总结馆校结合的主要特点如下：①有利于普及科学文化知识；②有利于全面地理解掌握科学知识；③有利于提高学生实践能力。张煜和白欣（2018）指出：应结合小学科学课程综合性的特点和场馆的教育特点，整合小学科学课程跨学科的课程内容，根据学生的兴趣来组织课程。教师可以在前期指导学生查阅相关知识，确定感兴趣的选题，使学生在一个大主题下进行探究实践。课程结束后，教师需要及时反思自己，是否实现了最初设定的教育目标？学生在场馆学习中的表现如何？注重学生的表现性评价，通过学生课堂和课后的反馈及测评等评价方式，不仅关注学生习得的知识，还要关注学生在情境中、实践中、探究中的收获。教师总结课程的优点和不足，不断改进课程，使得课程更加适合学生。张丹（2019）将科技场馆的科学课程与学校深入对接方式总结为以下五点：①依据展教资源与课程标准确定课程主题；②参考课程标准确定授课对象；③依据学情分析与课程标准制定科技场馆特色教学目标；④依据教学目标与学情分析设计教学环节；⑤依据课程实施情况进行课堂调整与课后反思。在以往研究的基础上，可将科技场馆学习的过程总结为以下四个方面：选定主题、确定目标、设计环节、总结反思。

科技场馆学习基于课程标准与教材的科学活动设计内涵：小学科学学习须与国家课程标准、教材相结合，在活动主题的导向下确定学习目标，设计场馆活动环节，这样学生才能在观展过程中进行主动探索，并在与教师和其他同学的交流中，通过总结反思形成系统化的知识体系。科技场馆的展厅资源丰富，设有多个主题展厅，展品数量众多。利用展厅展教资源开发科技馆科学课程，对学校具有很大的吸引力。学生通过动手实践探究，可以将被动学习转变为主动学习，并在探究过程中深化对研究方法的理解与对科学精神的感悟，这能有效弥补学校教育的不足。学校教育对学生科学知识、科学探究、科学态度等方面的培养必须依据课程标准内容进行，学校需要的是以课程标准为指导培养学生过程与方法、情感态度与价值观的科技场馆教育。所以，科技场馆的馆校结合课程必须建立场馆资源与课程标准的内在联系。2017 年版《义务教育小学科学课程标准》指出，"小学科学课程内容以学生能够感知的物质科学、生命科学、地球与宇宙科学、技术与工程中一些比较直观、学生有兴趣参与的重要内容为载体，重在培养学生对科学的兴趣、正确的思维方式和学习习惯"。同时在"实施建议"模块表明：要发挥各类科普场馆的作用，因地制宜设立定点、定时、定人的科学教育基地，便于学生在课程实施过程中进行参观和学习；科技馆等都可以作为科学学习的场所。故应实现科技场馆学习的内容与学校科学课程相联系，科技场馆学习的经验与学校学习的经验相联系。例如，重庆科技馆常设展厅有生活科技展厅、防灾科技展厅、交通科技展厅、国防科技展厅、基础科学展厅和宇航科技展厅 6 个主题展厅和儿童科学乐园专题展厅，展厅展教资源覆盖课程标准全部四大领域的多数科学概念。

《义务教育科学课程标准（2022 年版）》在"课程实施"模块指出，课程资源的开发与利用应遵循"贴近教与学的实际"这一原则，即"教师要善于选择与组合各种适宜自身教学实际的课程资源，创设真实教学情境，给学生操作、体验、探究、实践等提供支持。要重视课程资源的整合与利用，力争做到课程资源与科学教学的有机结合，信息技术与科学教学的深度融合，校外学习与校内学习的相互促进"。并建议应"注重社会资源的开发与利用。要发挥各类科技馆、博物馆、天文馆等科普场馆和高等院校、科研院校、科技园、高新技术企业等机构的作用，把校外学习与校内学习结合起来，因地制宜设立科学教育基地，补充校内资源的不足。要利用学校周围的自然资源和社会资源，通过实地考察、研学实践、环保行动等途径，进行科学学习。学校应充分发挥科技工作者对科学教育的重要作用，聘请专家参与教师培训、课程开发和科学教育活动"。《义务教育科学课程标准（2022 年版）》更强调小学课堂与科技场馆的整合，创设真实教学情境，并明确教师和学校在整合过程中的任务。

活动案例"探索声音"（表 5-9）以展览实际和课程标准要求为导向，确立了此次观展的"主题"和"目标"，从探索展览、研究问题、分享想法三个方面设计了充分调动学生积极性的"环节"。在教师的引导下，学生通过动手操作，探索教师提出的研究问题，习得了有关声音的来源和特点的科学知识，促进了与同伴、教师和场馆工作人员的交流合作。活动结束后，教师也及时对此次活动进行"总结反思"，有助于馆校合作活动的更好开展。在该案例中，教师首先依据科技场馆的展览，确定该展览可以联系到教科版四年级上册第一单元"声音"，选定此次观展主题为"探索声音"。该展览符合 2017 年版小学科学课程标准中物质科

表 5-9 案例"探索声音"

选定主题	确定目标	设计环节	总结反思
科技场馆的展览可以联系到教科版四年级上册第一单元"声音"，选定此次展览主题为"探索声音"	（1）了解声音在不同物质中可以向各个方向传播。（2）知道声音因物体振动而产生。（3）知道声音有高低和强弱之分。（4）知道振动的变化会使声音的高低、强弱发生改变	在设计环节，教师依据展览实际，围绕探索展览、研究问题、分享想法三个方面进行活动设计。在探索展览方面，教师带领学生依次参观巨型音叉、高音滑块、看到声波这三个展品，目的在于让学生亲身体验知识的层层递进，即了解声音的来源——声音是由物体振动而产生的，知道声音的特点——声音有高低强弱之分和声音具有能量。在研究问题方面，围绕"如何提高学生探索声音的兴趣、如何对学生更友好"等问题，教师可以在带领学生探索展品时，抛出和展品相关的探究问题，如学生在探索巨型音叉时，教师提出要研究的问题：你能在不接触音叉金属的情况下感受到音叉的振动吗？让学生有目的地对展品进行探索并对问题进行思考，还可以引导学生对探索问题进行自主延伸。在分享想法方面，在观展过程中，学生可与同伴、教师或场馆工作人员交流，认识并总结声音的产生及特点。观展结束后，由教师抛出开放性问题让学生讨论。 1."巨型音叉"（图 5-4） （1）探索"巨型音叉"并提出研究问题：你能在不接触音叉金属的情况下感受到音叉的振动吗？试着在触摸喉咙的同时哼唱你听到的声音（感受振动）；试着在音叉周围的不同位置听音叉的声音，听起来是一样的还是不同的？（感受声音的强弱） （2）分享想法：这个展览有什么让你惊讶的地方？音叉有没有让你想起以前听过的声音？听起来有什么相似或不同之处？（联系日常） 2."高音滑块"（图 5-5） （1）探索"高音滑块"，并提出要研究的问题：试着以不同的速度滑动杆，声音会改变吗？（感受声音的高低）试着在不同的长度处弹拨杆，你能编一个拍子或一首歌吗？ （2）分享想法：这个展览有什么让你觉得有趣的地方吗？如果这根杆再长一点，你认为它会发出什么声音？ 3."看到声波"（图 5-6） （1）探索"看到声波"，并提出要研究的问题：试着一次只转动一个旋钮，当你转动旋钮时，声音是如何变化的？液体对声音的变化有什么反应？（声音具有能量）试着把音量调到最大，声音是从哪里来的？ （2）分享想法：这次展览最令人难忘的是什么？这个展品展示了声音移动液体所产生的能量。你还能想到其他没有碰到液体的情况吗？	（1）可以引导学生对展品进行分组参观，让每位学生都充分探索每个展品。（2）应制定相应的评价标准对学生的学习过程及成果进行评价并提供反馈。评价方案应包括最终性评价、过程性评价、学生的自我评价、互相评价以及科技场馆工作人员对学生的评价

资料来源：https://www.exploratorium.edu/visit/field-trips/resources。

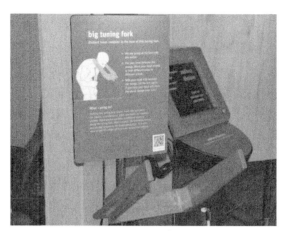

图 5-4　巨型音叉

图 5-5　高音滑块

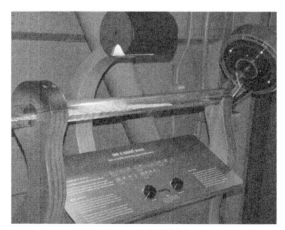

图 5-6　看到声波

资料来源：https://www.exploratorium.edu/visit/field-trips/resources

学领域的课程内容要求，即学生能"举例说明声音在不同物质中可以向各个方向传播；举例说明声音因物体振动而产生；知道声音有高低和强弱之分；知道振动的变化会使声音的高低、强弱发生改变"，由此确定了此次观展的目标。该展览充分发挥了科技场馆的科普作用，将科学课堂与科技场馆相整合，创设了让学生沉浸式探索声音的教学情境，使学生在课外科学学习场所轻松地学习科学知识，有助于学生运用场馆设备对声音的相关知识进行自主探究，加深对相关知识的印象。由教师在活动前确定此次活动的目标，可以促使学生在科技场馆中有目的、有意识地进行自主学习，完成学习任务，提高学习效率。

在设计环节，教师依据展览实际，围绕探索展览、研究问题、分享想法三个方面进行活动设计。在探索展览方面，教师带领学生依次参观巨型音叉、高音滑块、看到声波这三个展品，目的是让学生亲身体验知识的层层递进，即了解声音的来源——声音是由物体振动而产生的，知道声音的特点——声音有高低强弱之分和声音具有能量，这有助于培养学生的科学思维。在研究问题方面，围绕"如何提高学生探索声音的兴趣、如何对学生更友好"等问题，教师可以在带领学生探索展品时，抛出和展品相关的探究问题，如学生在探索巨型音叉时，教师提出要研究的问题：你能在不接触音叉金属的情况下感受到音叉的振动吗？让学生有目的地对展品进行探索并对问题进行思考，还可以引导学生对探索问题进行自主延伸，有助于提高学生的学习效率，强化场馆体验，实现学习成果的转化与应用。在分享想法方面，在观展过程中，学生可与同伴、教师或场馆工作人员交流，认识并总结声音的产生及特点。观展结束后，由教师抛出开放性问题让学生讨论，能更好地提升学生的分析能力、批判性思维能力和语言表达能力。首先让学生探索展出的巨型音叉，并提出要研究的问题：你能在不接触音叉金属的情况下感受到音叉的振动吗？试着在触摸喉咙的同时哼唱你听到的声音；试着在音叉周围的不同位置听音叉的声音，听起来是一样的还是不同的？接着让学生探索"高音滑块"并提出要研究的问题：试着以不同的速度滑动杆，声音会改变吗？试着在不同的长度处弹拨杆，你能编一个拍子或一首歌吗？然后让学生探索"看到声波"，并提出要研究的问题：试着一次只转动一个旋钮，当转动旋钮时，声音是如何变化的？液体对声音的变化有什么反应？试着把音量调到最大，声音是从哪里来的？最后在分享想法的环节，教师抛出一些话题供学生分享讨论，并强调目的不是要得到正确答案，而是要分享自己的想法：这个展览有什么让你惊讶或有趣的地方吗？如果"高音滑块"的杆再长一点，你觉得它会发出什么声音？该环节设计一环扣一环，让学生亲身体验了声音因物体振动而产生、知道声音有高低和强弱之分、声音具有能量的科学知识，能够激发学生的学习积极性和主动性，使学生的动手能力和实践能力都得到锻炼与发展，符合 2017 年版《义务教育小学科学课程标准》中"在更广阔的时间和空间里学习科学，需要教师的精心策划"的教学建议。学生在观展过程中和观展结束后与同伴、老师或场馆工作人员交流，认识并总结声音的来源与特点，有助于提升学生的分析能力、批判性思维能力和与人友好交流的能力。教师可以对展览和同学们的讨论做简单总结，进行知识点的回顾与拓展，有助于学生更好地掌握知识，教师对观展活动进行总结反思，能使教师及时发现问题，总结经验教训，从而提高工作能力和工作水平，以便更好地开展教育教学活动，促进科学课堂和科技场馆更好地整合。

在整个科技场馆活动中，学生不仅在思考中提升了自主学习能力，也在与同伴、教师和场馆工作人员的交流中提升了总结概括能力。在该活动中，教师还应制定相应的评价标准对学生的学习过程及成果进行评价并提供反馈。评价方案应包括最终性评价、过程性评价、学生的自我评价、互相评价以及科技场馆工作人员对学生的评价。

二、科技场馆与虚拟空间的整合活动案例

从小学课堂与科技场馆的整合活动案例到科技场馆与虚拟空间的整合活动案例，这种过渡不仅是技术工具的升级，更是教育理念的转变，将学生的学习体验从实地拓展到虚拟空间，为其提供了更广阔的学习天地和更多元的学习资源。这种跨界整合不仅丰富了学生的学习内容，还培养了他们的信息素养和创新意识，为其未来的学习和生活奠定了坚实的基础。国容毓等（2024）基于既有研究结论及虚拟空间的技术特征，将虚拟空间定义为基于数字技术构建的虚实融合的空间。沉浸式虚拟实验环境是采用虚拟现实技术构建的实验环境，主要有两种类型：基于桌面的虚拟实验环境和基于沉浸式的虚拟实验环境。基于桌面的虚拟实验环境是通过计算机显示器体验虚拟内容，交互方式通常是鼠标和键盘（陈宸，2023）。本部分讨论的虚拟空间即为基于桌面的虚拟实验环境，科技场馆与虚拟空间的整合即为在线科技馆。很多虚拟博物馆（如中国数字科技馆）等公益性科普服务平台在网上引起了很大的反响（张桐，2018）。司纪中（2017）指出，科普展示采用数字化的方式，便于吸引更多的受众，增强受众体验感，达到科普展示的目的，肯定了虚拟场馆科普教育的重要性。例如，上海科技馆基于实体展陈资源，利用互联网新技术，融合馆内馆外、线上线下传播方式，打造了展教融合数字化体验式学习平台，为学习者提供了新型的体验，大大加强了教学方式的生

动性和互动性。骆玲玲（2023）指出，线上展厅充分运用 3D 等技术，将线下展厅的展品以 360°/720° 的真实场景全面呈现出来，充分体现展览展品的每一个细节，如材质、结构，最大限度地提高线上展品展示的真实度，给观众带来全身心投入的沉浸式体验。例如，郑州博物馆线上虚拟展览借助于数字技术，使参观者通过与在线虚拟展厅内容的交互，只需要在电脑或手机上进行简单的操作，就可以选择对自己感兴趣的陈列、展品进行细致的参观，也可通过语音导览的讲解以及文物的 3D 展示、展板的图文热点对相关内容进行深度了解。在多种感官的参与和互动下，观众可以获得更深入的学习和更好的参观体验，从而进一步提升展览的文化教育传播功能。

在线科技馆学习基于课程标准与教材的科学活动设计内涵：小学科学学习须与国家课程标准、教材相结合，在在线科技展览的导向下确定教学目标与教学对象，让学生在体验虚拟空间的过程中了解科技产品的基本知识，在与教师和其他同学的交流中通过总结反思形成系统化的知识体系。

活动案例"3D 催化转化器"（表 5-10）以催化转化器的 3D 模型为辅助教具，以"让学生了解发动机排放有害气体会污染环境，知晓催化转化器的位置、大小、结构"这一教学目标为导向，确定教学对象是 1~6 年级的学生，用现代信息技术生成的 3D 模型充分激发学生对科技产品的探究兴趣。学生通过体验虚拟空间，了解科技产品的基本知识。在体验期间，学生之间可能会交流合作，对该 3D 模型进行充分探索，形成对 3D 模型融入课堂的自主性评价，以供教师对信息技术融入课堂的效果进行反思并调整教学策略。该案例可用于教授催化转化器的基础知识。该科技场馆的目的是使用虚拟现实技术为学习者提供身临其境的 3D 教育空间，从而为小学生创造引人入胜且有吸引力的学习体验，以学习催化转化器的相关基础知识。

在设计模型的过程中，科技场馆根据活动对象和活动内容，围绕物体、个人、社会三个方面进行模型设计。在物体方面，科技场馆运用 3D 技术构建催化转化器模型，使学习者可以利用鼠标的滚轮对模型进行放大以观察细节，也可以利用鼠标操作对模型进行 360° 的旋转以进行全方位的观察，并设置四个点位供学生点击，以细致地学习催化转化器的位置、功能、材料结构和编号，同时配备了图片供学生更直观地了解催化转化器的位置和大小。在个人方面，围绕"如何提高学生学习催化转化器的兴趣、如何对学生更友好"等问题，科技场馆对催化转化器进行拆解，充分利用儿童对新鲜事物的好奇心，设置了四个点位供学习者对催化转化器进行分步了解，以逐渐深入对催化转化器的认识；科技场馆还提供

表 5-10　案例 "3D 催化转化器"

确定教学目标	确定教学对象	体验虚拟空间	评价反思调整
（1）让学生了解催化转化器的位置及大小。 （2）让学生了解若燃料在汽车发动机中燃烧不完全，通常会产生一氧化碳等有害气体，导致空气污染，引导学生树立保护自然的理念。 （3）让学生知晓催化转化器的结构，并领悟该结构对于改变发动机中有害气体的化学成分，从而减少空气污染的作用	使用虚拟3D空间作为教学媒介对小学生非常有吸引力。这些技术使学生能够成为3D虚拟空间的一部分，从而带来身临其境的教育体验	（1）催化转化器位于汽车发动机和排气管之间，大约是成人手掌大小 催化转化器 催化转化器与成人手的比例比较 （2）催化转化器具有蜂窝结构，由陶瓷制成，并涂有铂，蜂窝状结构在不增加材料用量的情况下增加了表面积，并且铂作为催化剂，使得气体可以快速有效地转化 催化转化器的蜂窝结构	老师：汽车排放的气体会导致环境污染，进而对我们的身体造成伤害，同学们在上完这堂课后，会改变自己的哪些行为？（学生讨论） 学生：我会在以后的生活中少乘坐汽车，多骑自行车或走路。 老师：非常棒！这堂课我们运用了3D空间来辅助学习，同学们觉得这种方式有什么优点？ 学生：能很直观地呈现催化转化器的位置、大小和蜂窝结构，我觉得很有趣。

资料来源：https://learning.sciencemuseumgroup.org.uk/resources/catalytic-converter-3d-object/。

了使用 VR 眼镜观看的功能，使学习者在 3D 基础上更沉浸式地对催化转化器进行探索。在社会方面，学生可与同伴或教师交流，有助于提升学生的分析能力、批判性思维能力和与人友好交流的能力。

教师在进入在线科技馆的网站后，选择"用 3D 技术探索馆内文物"模块

（图 5-7），可在选定并熟悉催化转化器的 3D 模型后，分析此模型可以提升小学生的学习积极性与主动性，故确定此 3D 模型可供学习的对象为 1～6 年级的学生。该 3D 模型可与课程标准中"人类活动会影响自然环境"的学习内容相联系，在"人类与自然和谐相处：应自觉采取行动，保护环境""表现出对事物的结构、功能等进行科学探究的兴趣"课程目标的指导下，确定具体的科学知识和情感价值的教学目标为：①让学生了解催化转化器的位置及大小；②让学生了解若燃料在汽车发动机中燃烧不完全，通常会产生一氧化碳等有害气体，导致空气污染，引导学生树立保护自然的理念；③让学生知晓催化转化器的结构，并领悟该结构对于改变发动机中有害气体的化学成分，从而减少空气污染的作用。学生在操作该 3D 模型体验虚拟空间时，可利用鼠标对催化转化器进行全方位的观察，并依次点击模型中的序号，以了解催化转化器位于汽车发动机和排气管之间，并结合网页中汽车的全局图更清晰直观地了解催化转化器的具体位置；知晓催化转化器大约是成人手掌大小；了解通常情况下，柴油或汽油等燃料在汽车发动机中燃烧不完全，会产生有害气体，包括一氧化碳和碳氢化合物分子，导致空气污染，而催化转化器改变了发动机中这些有害气体的化学成分，从而减少了空气污染；了解催化转化器具有蜂窝结构，由陶瓷制成，并涂有铂，蜂窝状结构在不增加材料用量的情况下增加了表面积，并且铂作为催化剂，使得发动机中有害气体的化学成分可以快速有效地转化，从而减少空气污染。最后在教师的引导下，学生于讨论中有意或无意地树立了保护自然的理念，形成了对 3D 模型融入课堂的自主性评价，以便教师对 3D 虚拟技术融入课堂的效果进行反思并调整教学策略。

图 5-7 "用 3D 技术探索馆内文物"页面

在整个活动中，学生通过自主实践提升了空间想象能力和动手操作能力，并能在课堂交流中听取教师与其他同学的建议，对 3D 虚拟技术融合进课堂形成自主性评价，锻炼了辩证思维。在该活动中，教师应制定相应的评价标准对学生的学习成果进行评价并提供反馈。评价方案应该包括学生的自我评价、互相评价，并注重过程性评价。

本章参考文献

陈爱萍，黄甫全. 2008. 问题式学习的内涵、特征与策略. 教育科学研究，（1）：38-42.

陈宸. 2023. 沉浸式虚拟实验环境中交互方式对学习体验的影响研究. 扬州：扬州大学.

陈燕. 2013. 问题互动式情景教学设计——以"电场强度"教学为例. 物理教师，（10）：14-15.

崔炳权，何震宇，王庆华，等. 2009. PBL 教学法的研究综述和评价. 中国高等医学教育，（7）：105，118.

董艳，和静宇，王晶. 2019. 项目式学习：突破研学旅行困境之剑. 教育科学研究，（11）：58-63.

傅雨露，徐正. 2007. 课外兴趣小组与班级学风之改善. 中国职业技术教育，（11）：39.

国容毓，陈劲，李振东. 2024. 基于虚拟空间的创新：空间演进、理论框架与展望. 科学学研究，（2）：383-394.

扈先勤，刘静，李占超. 2010. 浅议科技馆教育与学校教育的有机结合. 科协论坛（下半月），（11）：153-154.

黄亚玲，刘亚玲，彭义香，等. 2007. 中国学生应用 PBL 学习方法可行性论证. 中国高等医学教育，（1）：3-4，10.

李亮，朱津津，祝凌宇. 2019. 虚拟现实与移动增强现实复合性教学环境设计. 中国电化教育，（5）：98-105.

李响，孙宝玲. 2023. 科技场馆策划与实施青少年科普教育活动探究. 天津科技，（6）：86-88.

李小平，张琳，赵丰年，等. 2017. 虚拟现实/增强现实下混合形态教学设计研究. 电化教育研究，（7）：20-25，50.

连莲. 2013. 国外问题式学习教学模式述评. 福建师范大学学报（哲学社会科学版），（4）：126-133.

梁宇恩，张宪乐. 2015. 课外兴趣小组及其对课堂教学的启示. 教育教学论坛，（40）：210-211.

林楚. 2015. 城镇小学信息技术课外兴趣小组的开展. 中国教育技术装备，（7）：97-98.

刘文利. 2008. 学校科学教育需要科技馆积极支持. 中国教育学刊, (3): 45-48.

罗恒, 冯秦娜, 李格格, 等. 2021. 虚拟现实技术应用于基础教育的研究综述 (2000—2019 年). 电化教育研究, (5): 77-85.

骆玲玲. 2023. 浅析"线上科技馆"实际功能及作用. 才智, (24): 186-189.

吕耀中. 2010. 沉浸式虚拟实验室的建设构想. 现代远距离教育, (3): 74-77.

瞿葆奎. 1988. 教育学文集·教学. 上册. 北京: 人民教育出版社: 107.

邵玉茹, 胡惠闵. 2007. 小学开展兴趣小组活动的个案研究. 当代教育科学, (20): 14-17.

司纪中. 2017. 虚拟漫游技术在科普中的应用研究. 艺术科技, (2): 67, 149, 154.

王宁, 王朋娇, 王智慧. 2021. 具身认知视角下的科技场馆学习活动设计模式研究. 中国信息技术教育, (24): 104-108.

谢娟. 2017. 西方科技场馆的学习效果研究综述. 外国中小学教育, (3): 25-30.

谢娟, 伍新春, 季娇. 2018. 科技场馆"第二课堂"育人价值实现路径——基于我国城市中小学生的实证调查. 中国教育学刊, (9): 68-73.

佚名. 1997. 上海市中小学活动课程实施纲要 (试行). 中小学管理, (2): 28-31.

袁运开. 2000. 简明中小学教育词典. 上海: 华东师范大学出版社: 297.

翟俊卿, 毛天慧, 季娇. 2018. 儿童如何在参观科技场馆过程中学习科学——基于国外实证研究的系统分析. 比较教育研究, (7): 68-77.

张丹. 2019. 论科技场馆的科学教育课程与学校进行深入对接的方式//高宏斌, 李秀菊. 科技场馆科学教育活动设计——第十一届馆校结合科学教育论坛论文集. 北京: 科学普及出版社: 383-386.

张桐. 2018. 基于全景技术的内蒙古科技馆虚拟物理展厅的开发与应用: 以"探索与发现"展厅为例. 呼和浩特: 内蒙古师范大学.

张文兰, 张思琦, 林君芬, 等. 2016. 网络环境下基于课程重构理念的项目式学习设计与实践研究. 电化教育研究, (2): 38-45, 53.

张煜, 白欣. 2018. 小学科学课程在科技场馆实现的途径和方式——基于泰勒课程原理//赵立新. 面向新时代的馆校结合·科学教育——第十届馆校结合科学教育论坛论文集. 北京: 科学普及出版社: 244-248.

赵丽萍. 2013. 项目学习的发展及现实问题研究. 中国教育学刊, (S2): 32-33, 35.

钟启泉, 崔允漷, 吴刚平. 2003. 普通高中新课程方案导读. 上海: 华东师范大学出版社: 225-226.

周为宇. 1998. 组织开展化学课外兴趣活动小组的探索. 化学教学, (5): 46-49.

祝士明, 陈静潇. 2019. 虚拟现实学习环境的作用、挑战以及应对策略. 现代教育技术, (2):

39-45.

Barron B，Darling-Hammond L. 2008. Teaching for meaningful learning：a review of research on inquiry-based and cooperative learning Book excerpt. George Lucas Educational Foundation.

Barron B，Darling-Hammond L. 2010. Prospects and challenges for inquiry-based approaches to learning//Dumont H，Istance D，Benavides F. The Nature of Learning：Using Research to Inspire Practice. Paris：OECD：199-225.

Barrows H. 1985. How to Design a Problem-based Curriculum for Preclinical Years. New York：Springer.

Bhardwaj A，Bhardwaj M，Gaur A. 2016. Virtual reality：an overview. International Journal of Scientific and Technical Advancements，4：159-164.

Blumenfeld P C，Soloway E，Marx R W，et al. 1991. Motivating project-based learning：sustaining the doing，supporting the learning. Educational Psychologist，26（3/4）：369-398.

Burrows H. 1996. Problem-based learning in medicine and beyond：a brief overview. New Directions for Teaching and Learning，68：3-12.

Collings E. 1923. An Experiment with a Project Curriculum. New York：The Macmillan Company.

Colliver J A. 2000. Effectiveness of problem-based learning curricula research and theory. Academic Medicine，75（3）：259-266.

Edelson D C，Gordin D N，Pea R D. 1999. Addressing the challenges of inquiry-based learning through technology and curriculum design. The Journal of the Learning Sciences，8：391-450.

Falk J H，Dierking L D. 2000. Learning from Museums：Visitor Experience and the Making of Meaning. New York：AltaMira Press.

Falk J H，Scott C，Dierking L，et al. 2004. Interactives and visitor learning. Curator：The Museum Journal，47：171-198.

Gallagher S A. 1997. Problem-based learning：where did it come from，what does it do，and where is it going? Journal for the Education of the Gifted，20（4）：332-362.

Hallermann S，Larmer J，Mergendoller J. 2011. PBL in the Elementary Grades：Step-by-Step Guidance，Tools and Tips for Standards-Focused K-5 Projects. Novato：Buck Institute for Education.

Jackson S S，Stratford S，Krajcik J，et al. 1994. Making dynamics modeling accessible to precollege science students. Interactive Learning Environments，4：233-257.

Krajcik J，Blumenfeld P C，Marx R W，et al. 1998. Inquiry in Project-Based Science Classrooms：Initial attempts by middle school students. Journal of the Learning Sciences，7（3/4）：313-350.

Krajcik J S，Czerniak C M. 2018. Teaching Science in Elementary and Middle School：A Project-

Based Learning Approach. 5th ed. New York: Routledge.

Krauss J, Boss S. 2013. Thinking Through Project-Based Learning: Guiding Deeper Inquiry. Thousand Oaks: Corwin Press.

Lester D L, Parnell J A, Carraher S. 2003. Organizational life cycle: a five-stage empirical scale. The International Journal of Organizational Analysis, 11 (4): 339-354.

Levin J A. 1992. Electronic networks and the reshaping of teaching & learning: The evolution of teleapprenticeships and instructional tele-task forces//Meeting of the American Educational Research Association, San Francisco.

Linn M C. 1996. Key to the information highway. Communications of the ACM, 39 (4): 34-35.

Lohfeld L, Neville A, Norman G P. 2005. PBL in undergraduate medical education: a qualitative study of the views of Canadian residents. Advances in Health Sciences Education, 10: 189-214.

Mantovani F, Castelnuovo G, Gaggioli A, et al. 2003. Virtual reality training for health-care professionals. Cyberpsychology & Behavior, 6 (4): 389-395.

Markham T, Larmer J, Ravitz J. 2003. Project-Based Handbook for Standards-Focused Project-Based Learning: A Guide for Middle School Teachers. Novato: Buck Institute for Education.

Minstrell J. 1989. Teaching science for understanding//Resnick L B, Klopfer L. Toward the Thinking Curriculum: Current Cognitive Research. Alexandria: Association for Supervision and Curriculum Development: 129-149.

Pea R D, Edelson D C, Gomez L. 1994. Distributed collaborative science learning using scientific visualization and wideband telecommunications//160th Meeting of the American Association for the Advancement of Science, in the symposium: "Multimedia information systems for science and engineering education: Harnessing technologies", Evanston: Northwestern University.

Price Kerfoot B, Masser B A, Hafler J P. 2005. Influence of new educational technology on problem-based learning at Harvard Medical School. Medical Education, 39 (4): 380-387.

Rubin A. 1993. Video laboratories: tools for scientific investigation. Communications of the ACM, 36 (5): 64-65.

Scardamalia M, Bereiter C. 1996. Adaptation and understanding: a case for new cultures of schooling//Vosniadou S, de Corte E, Glaser R, et al. International Perspectives on the Design of Technology-Supported Learning Environments. Mahwah: Lawrence Erlbaum Associates, Inc.: 149-163.

Schwartz B. 1995. Psychology of Learning and Behavior. 4th ed. New York: W. W. Norton & Company.

Singer J, Marx R W, Krajcik J, et al. 2000. Constructing extended inquiry projects: curriculum materials for science education reform. Educational Psychologist, 35: 165-178.

Stepien W J, Gallagher S A. 1993. Problem-based learning: as authentic as it gets! Educational Leadership, 50 (7): 25-28.

Thomas J W. 2000. A review of research on project-based learning. https://www.bie.org/[2024-03-07].

Wang H S, Chen S, Miao Y M. 2021. Effects of metacognitive scaffolding on students' performance and confidence judgments in simulation-based inquiry. Physical Review Physics Education Research, 17 (2): 1-13.

Wellington J. 1990. Formal and informal learning in science: the role of the interactive science centres. Physics Education, 25: 247-252.

Zheng Y, Bai X, Yang Y, et al. 2024. Exploring the effects and inquiry process behaviors of fifth-grade students using predict-observe-explain strategy in virtual inquiry learning. Journal of Science Education and Technology, 33: 590-606.

第六章

小学科学课程标准
与教材的研究

学习目标

1. 理解科学课程标准研究与科学教材研究的意义。
2. 了解我国小学科学课程标准研究和科学教材研究的研究发展。

知识导图

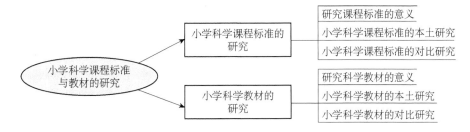

　　了解当前教育研究中关于小学科学课程标准和小学科学教材的研究成果，对于科学教育工作者大有裨益。通过梳理、总结和呈现截至目前我国对于小学科学课程标准和小学科学教材的研究，不仅可以让读者了解相关研究的发展与现状，更深入地理解我国小学科学课程标准和科学教材的研究内容，而且能够通过与其他国家或地区的小学科学课程标准和科学教材进行比较研究，更加全面地思考与科学课程标准和科学教材相关的问题。

第一节　小学科学课程标准的研究

一、研究课程标准的意义

　　研究小学科学课程标准，对推动小学科学教育的优质发展至关重要。首先，对课程标准的研究有助于指导教学实践。尽管科学课程标准是教学实践的指导文件，能够帮助教师明确科学学科的核心目标和要求，但对于课程标准的解读和应用因人而异，通过对标准的深入研究并形成文献，能够帮助教师清晰了解学生应该达到的认知水平、技能要求及情感态度等方面的标准，为教学提供明确的方向。对科学课程标准的深入研究还有助于教师设计有序、连贯的教学计划。标准通常包括不同学年或学段的学科目标，教师可以根据这些目标制定具体的课程安排，确保教学内容具有渗透性和递进性，帮助学生形成系统的知识结构。在教学设计方面，了解科学课程标准有助于教师提高教学的针对性。通过对标准中规定

157

的学科知识、技能和情感要求的理解，教师可以有针对性地进行教学设计，关注学生的个性化差异，采用更灵活、多样化的教学方法。此外，研究科学课程标准为教学评估提供了依据。教师可以根据标准中规定的学科目标，制订科学合理的评估方案，对学生的学业水平进行客观、准确的评估，从而发现学生的学科短板，为个性化辅导提供依据。研究科学课程标准也使得教师能够更好地适应不断变化的教学环境。通过深入研究标准，教师能够更灵活地应对教育领域的发展和社会对学生期望的不断变化，调整教学策略，确保教学的时效性和适应性。

其次，对课程标准的研究有助于促进课程的全面发展，主要表现在以下几个方面。①研究有助于推动学科整合。通过深入研究不同科学领域的标准内容，可以促使教育者更好地理解科学学科之间的内在联系和交叉点，有助于设计具有综合性和跨学科性质的课程，使学生获得多学科知识的综合体验。②研究有助于促进跨学科技能的培养。标准通常强调学生的综合素养，包括解决问题的能力、创新思维、团队协作等方面。通过对标准的研究，教育者可以有针对性地设计培养这些跨学科技能的教学活动，使学生在科学学科中培养出更全面的能力。③研究科学课程标准有助于强调实践与理论的结合。标准通常要求学生能够将所学的理论知识应用到实际问题中，培养实践能力。通过了解标准中对实践的要求，教育者可以更好地设计实验、实地考察等活动，使学生在实际操作中加深对科学原理的理解。④科学课程标准的研究有助于培养学生的创造性思维。标准通常鼓励学生提出问题、进行研究，培养学生主动探究和创造性解决问题的能力。通过深入研究标准，教育者可以更好地引导学生参与研究型学习，激发他们的创新潜力。

此外，对课程标准的研究有助于更加客观、全面地评估学生的学业水平。深入研究科学课程标准能够确立科学学科的评估标准，从而能够更全面、科学地了解学生在科学领域的学业水平。这种深入的研究使教育者能够更准确地把握学科知识和技能的核心要点，有助于建立科学的评估体系。评估学生学业水平也有助于更好地了解学生的个体差异。科学课程标准通常强调对学生差异的重视，要求个性化教学。通过评估学生的学业水平，教育者可以更全面地了解学生的优势和需求，从而更好地制定差异化教学策略，满足不同学生的学习需求。另外，科学课程标准的评估有助于教育决策的制定。通过深入评估学生在科学学科上的表现，决策者可以获得科学教育的整体状况，并据此制定相关的政策和措施。评估结果可以作为制订教学计划、资源分配及教师培训的重要参考，从而推动科学教育的整体提升。评估学生学业水平是科学教育持续改进的关键环节。通过对学生学业水平的定期评估，教育者可以及时发现教学中存在的问题和不足，进而调整教学方法和策略，不断改进教学质量。这种持续改进的过程有助于确保科学课程标准的有效实施，提高学生在科学学科上的整体水平。

尽管如此，我国有关小学科学课程标准的研究较少，2000 年至 2024 年 1 月，每年只有零星几篇（少于 3 篇）研究成果发表，尤其是在核心期刊上。随着 2017 年版《义务教育小学科学课程标准》的发布，相关研究呈现略微增长的趋势，2017～2019 年，年平均发文量达到了 5 篇，2020 年以后又回落到之前的水平。这些文献的关键词共现出现较多的是"义务教育""课程标准""小学科学""科学教育""概念""教学建议"；文献主要集中在《课程·教材·教法》《上海教育科研》《人民教育》《基础教育课程》《科普研究》等学术期刊上；对发文作者的分析发现，文章主要来自潘洪建、刘恩山、胡卫平三位学者，但每位学者的发文量也仅为 2 篇；发文机构主要集中在北京师范大学、扬州大学、青岛大学、吉林师范大学和华南师范大学。在上述研究中，对于科学课程标准的内容解读和思考占绝大多数（例如，刘恩山，2017；姚建欣和郭玉英，2017；王秋芳和王鹏，2018），也有一定数量的对比研究，例如，纵向对比科学课程标准中学科能力的沿革和发展（高守宝等，2019），巴西（潘洪建和邵娟，2019）和日本（孟令红，2019）对我国小学课程标准的启示，以及多地区的课程标准的横向对比（肖化等，2019；潘洪建，2017）。其中，实证研究的比例较低，而且都基于最基本的关键词频分析（王少卿和赵浩浩，2020；高守宝等，2019）。

二、小学科学课程标准的本土研究

2017 年版《义务教育小学科学课程标准》和《义务教育科学课程标准（2022 年版）》的发布，带来了相当数量的对于课程标准的解读研究。刘恩山（2017）指出，2017 年版《义务教育小学科学课程标准》的突出变化包括：①从一年级开始开设小学科学课程；②不同学段的学习目标和内容基于学习进阶的成果；③科学包含物理、化学、生物与地理四大领域，还纳入了工程与技术，探究和情感态度贯穿整个课程；④使用科学大概念统领教学内容。鉴于这些变化，课程标准实施需要学校教育体系的多方协作和努力，完善开展科学学习活动需要学生动手的场地和器材，并建设稳定的专业化科学教师队伍。李霞等（2018）强调 2017 年版《义务教育小学科学课程标准》中的科学素养包含科学知识、科学探究、科学态度和科学社会技术的关系四个方面，对学习目标进行了频率分析，并提出了适合小学生科学学习的教学模式实践。他们发现，在 207 个学习目标中，低年级目标主要指向"是什么"和简单的"为什么"的问题，中年级则增加了指向"为什么"的问题，高年级还多了许多"怎么办"的问题。在教学模式方面，总结了支架教学模式、探究教学模式及直接指导教学模式方法、策略、程序和适用情境。还有其他学者也对课程标准中的课程性质以及课程标准带来的挑战与落实进行了阐释（聂晶和肖奕博，2017；左成光等，2019；姚建欣和郭玉英，2017；王秋芳和王鹏，2018），其中，姚建欣和郭玉英（2017）还强调了科学课程标准与语文、数学和综合实践活动等课程的联系与相互渗透，科学与其他学科课程的联系在不断加强。

围绕《义务教育科学课程标准（2022年版）》的研究情况类似。胡卫平（2022）强调了《义务教育科学课程标准（2022年版）》中的科学素养发展导向、核心大概念的聚焦、学习进阶的合理性，以及探究实践的强化。叶宝生和董鑫（2023）探析了课程标准中科学观念的内涵，以及其与自然观、科学概念的关系；人与自然关系中的科学和技术，以及科学技术与社会、环境的关系。研究指出，科学观念是对具体科学知识的概括，是具体的自然观，并且要在具体科学知识的学习中体会和理解科学观念，在探究实践中理解人与自然的关系，并通过科学态度和社会责任目标要求体验理解科学技术的作用。李丽和马勇军（2023）着重分析了课程标准中的科学探究与实践，认为《义务教育科学课程标准（2022年版）》中的科学探究与实践包含科学探究、学科实践以及跨学科实践三层含义；并且科学探究与实践的目标指向学科核心素养的发展，设计重视活动情境的真实性和实践性，过程注重学科思维，内容体系更关注学科本质的耦合，实验教学追求实验本身的教育价值。由于义务教育科学课程标准发布时间不长，相关实证研究目前还处于空白阶段。

三、小学科学课程标准的对比研究

科学课程标准的对比研究能够帮助教育者从比较角度理解课程标准，为其提供更为广阔的视野和多元化的参考。高守宝等（2019）通过对1949～2018年小学科学课程标准的文本分析，发现小学科学课程学科能力的演变趋势表现为：较为重视问题解决能力和基本能力的培养，认识论能力成为新的增长点，而创造性思维和综合能力的要求相对较低。课程目标文本中学科能力沿革的特征包括：①基本能力要求的表述逐渐规范化；②综合能力要求逐渐丰富化；③问题解决能力由低级逐渐转向高级；④对认识论的要求逐渐深入；⑤创造性思维成为21世纪人才培养的重要品质。潘洪建（2017）通过对比中国、美国、日本、英国等10个国家的小学科学课程标准，提出了提升我国小学科学课程标准的几条建议：①完善课程目标维度，增加具体化的纵向目标；②优化课程内容领域，合理设置课程模块；③优化课程内容选择与组织，认真对待科学知识；④优化课程内容呈现，指导教材编制；⑤细化课程实施建议，为教师提供切实帮助；⑥改进课程评价，制定具体可行的评价标准。在另一研究中，潘洪建和邵娟（2019）详细分析了巴西中小学课程标准的理念、目标、内容，以及教学建议，提出我国小学科学课程应该突出能力本位的课程设计，渗透科学史教育，丰富科学实践活动的形式，并将科学课程内容生活化。与之相似，孟令红（2019）通过分析日本小学科学课程标准的目标和内容，提出了标准层级目标保持一致，以及精简课程内容的建议。张红霞（2023）通过对美国《标准》中科学与工程实践这一维度的具体分析，提出我国科学教育要改变重技术轻科学、重活动轻思维的习惯，并且要从顶层设计上给予重视；进一步明确探究实践与科学思维的关系；重视科学与其他学科的联系。

尽管学界对于国际科学教育有着足够的重视，对于他国的先进经验往往能够第一时间予以分析和借鉴，例如，美国《标准》发布后，涌现出大量关于该标准的研究，但是针对我国小学课程标准的历史对比研究以及与他国标准间的国际对比研究相对匮乏。一方面，关于我国小学科学课程标准的实证研究的数量与质量亟待提升，例如，小学科学教师对《义务教育科学课程标准（2022年版）》的理解和应用情况，以及该标准对教师教学和学生学习的影响等；另一方面，关于小学科学课程标准更加深入和规范的对比研究也需要更多的关注，尤其是标准整体框架的搭建、学习进阶的描述以及学习测评等相对薄弱的环节。

第二节　小学科学教材的研究

一、研究科学教材的意义

对小学科学教材的深入研究具有重要意义。首先，对于小学科学教材的研究结果有助于推动小学科学教育的全面发展。研究可以为制定科学教育标准提供理论和实证支持，确保教学内容和目标的科学准确性；研究有助于优化教材内容，及时更新并提升其实用性和生活化，以激发学生对科学的兴趣；研究成果可以用于提高小学科学教师的培训水平，使其更好地理解科学教育的最新理念和方法；通过研究推动创新教学方法的应用，例如，引入探究式学习等先进手段，提高学生的科学素养；研究成果可为制定科学教育政策提供依据，为政府和学校提供有力的建议，推动整个小学科学教育体系更好地服务学生的全面发展。其次，对小学科学教材的研究为深化对小学生认知发展规律的理解提供了重要支持。通过研究教材，能够把握学科知识的层次性和渐进性，更好地设计符合小学生认知水平和发展阶段的教学。通过结合儿童心理学和认知心理学的理论，能够更准确地把握小学生对科学知识的接受能力、记忆规律及逻辑思维的发展轨迹。这样的研究不仅有助于创新教学手段，更能够促进教育者更好地满足学生个体差异，推动小学科学教育更好地适应和引导学生的认知成长。此外，对小学科学教材的研究为推动教育技术的创新与应用提供了关键支持。通过研究教材的内容和结构，能够更好地理解小学生的学习需求和特点，这为教育技术的创新提供了实际场景和需求场合。通过对不同教学场景的深入观察和分析，能够更准确地确定哪些教育技术工具和方法能够更好地促进小学科学教育的有效实施。这些研究有助于发现和设计更符合学科特点与学生需求的教育技术工具，推动虚拟实验、互动性学习平台等创新技术在小学科学教育中的应用。通过整合前沿的教育技术，学者们能够更好地满足当今数字时代学生的学习方式和需求，提升小学科学教育的质量和效果。

尽管如此，我国有关小学科学教材的研究较少，自 2017 年版《义务教育小学科学课程标准》发布以来，在教育核心期刊上关于小学科学教材的研究仅有 9 篇（截至 2024 年 1 月）。这些文献中出现较多的关键词包括"小学科学课程""学习过程""教材编写""苏教版""教材分析"。文献主要集中在《化学教育》《课程·教材·教法》《教学与管理》等期刊上，发文机构主要集中在教育部课程教材研究所。上述研究中，绝大多数都是基于教材内容展开的思考与建议（例如，王强等，2017；张军霞，2020；朱阿娜，2020）以及对小学科学教材编写的探讨（例如，任建英，2023；姚建欣，2018；包卉，2020），也有学者对国内小学科学教材进行了横向对比（陈腾，2020），以及纵向衔接了小学科学与初中化学教材内容（杨妙霞，2017）。其中，只有杨妙霞（2017）和姚建欣（2018）的研究融入了部分实证要素。

二、小学科学教材的本土研究

小学科学教材在小学科学课程标准的基础上编写与出版，不同出版社的版本呈现多样化的趋势。王强等（2017）通过对教育科学出版社、河北人民出版社、广东教育出版社、湖南科技出版社、青岛出版社、江苏教育出版社、湖北教育出版社和大象出版社出版的小学科学教材中高频化学实验的分析，包括高锰酸钾与水混合实验、实验与水分离实验、燃烧生成物的检验，以及二氧化碳检验，提出实验删减和改进，以及教师落实实验的建议。朱阿娜（2020）指出了教科版科学教材中的显性错误知识，即比较恐龙大小（一年级上册）；不严谨的知识，即磁力大小的变化（三年级下册）；以及作为教师如何进行创生式理解，即敏锐地发现教材中的错误，对教材有一个完满性的先把握，进行意义创生式理解，及时修正、调整教学。

在教材编写的研究方面，任建英（2023）基于知识的结构化、核心素养发展以及现代课程思想，提出了以核心素养为导向的三维科学教材模型。该模型以知识结构化为内容逻辑，以探究实践为载体来促进核心素养发展，并融入了代表现代课程思想的 4R 品质特征，即教材的丰富性（richness）、回归性（recursion）、关联性（relations）和严密性（rigor），以此来组织科学教材内容和优化探究实践活动设计。包卉（2020）则从 STEM 教育的角度和理念出发，探讨了小学科学教材的特色，包括以探究活动作为学习科学的重要方式，突出工程教育的重要性，以及促进学科融合，综合设计教学内容。与此同时，搭建了 STEM 教育的支持体系，提供相应的教育服务，包括打造系统化的线上线下教师培训课程体系，建设 STEM 课程资源平台，以及校企联动。姚建欣（2018）通过对 9 套新编 1~2 年级义务教育小学科学教材和学生活动手册的分析，发现教材编写均以主题活动为基本单元，关注总体框架的线索串联；以探究过程展开内容，突出情境创设与问题驱动；呈现方式活泼多元，素养培育的显性路径出现。对于后续的教材编写，建议围绕大观念和故事线进一步整合内容，参考课程标准和学习进阶调整教材，并基于表征研究合理运用插图和插画。

三、小学科学教材的对比研究

陈腾（2020）对比了教科版小学科学教材中的化学学科内容与专科小学教育专业的《科学·化学》教材内容，发现培养专科科学教师的教材中，知识针对性不够，部分小学科学教材中的内容没有体现；《科学·化学》课程的结构和设置与小学科学课程存在不一致，即前者为分科教学，而后者为综合科学；缺少融合性理论与实验课程的教师培养教材。有鉴于此，在培养专科小学科学教师方面，学校需要选择更为合适的课程教学内容，加强化学实验和教材建设，并建立理论课程和实验教学新体系模块。杨妙霞（2017）对比了苏教版小学科学教材和人教版初中化学教材中的化学实验活动涉及的知识要求，以及对教师的调查，发现在实际教学中，小学化学实验活动的科学认知并未能有效为初中化学实验活动打下基础，初小衔接与迁移做得并不到位，没有真正实现学生科学认知从单一化到复杂化、深入化、多样化的拓展；由于开展实验教学的教师数量相对较少，教材中体现与要求的通过化学实验活动的递进性、层级性来促进学生思维方法、概念知识的迁移提升的目标并未得到充分实现；教师对学生进行了不同程度的情感态度的培养，但对高级创造思维能力的情感价值和质疑严谨性等学科精神培养得不够。

我国对小学科学教材的研究目前仍处在较浅的层次，缺乏在理论指导下对教材内容进行更深入的分析，例如，对教材插图的科学性分析以及对教材传递科学史信息的深入分析等。在对比研究方面，不同于课程标准所涉及的国别的多样化，对小学科学教材的研究目前还没有涉及国外的教材，这些教育研究领域的空白亟须引起更多关注。

本章参考文献

包卉. 2020. 浅谈 STEM 理念下小学科学教材的开发与新探索. 编辑学刊，（6）：99-104.

陈腾. 2020. 五年制专科小学教育专业的教学大纲和教材与小学科学课程标准和教材的对比. 化学教育（中英文），（6）：77-81.

高守宝，樊婷，王晶莹. 2019. 70 年来小学科学课程中学科能力的沿革与发展——基于课程标准的文本分析. 上海教育科研，（12）：26-30.

胡卫平. 2022. 为培养科技创新后备人才创建高质量义务教育科学课程. 全球教育展望，（6）：67-74.

李丽，马勇军. 2023. 从"科学探究"到"科学探究与实践"——《义务教育化学课程标准（2022 年版）》的分析与启示. 化学教学，（2）：11-15, 25.

李霞，张获，胡卫平. 2018. 核心素养价值取向的小学科学教学模式研究. 课程·教材·教法，（5）：99-104.

刘恩山. 2017.《义务教育小学科学课程标准》的变化及其影响. 人民教育，（7）：46-49.

孟令红. 2019. 日本 2017 版小学科学课程标准对我国的启示. 基础教育课程，（9）：76-80.

聂晶，肖奕博. 2017. 新课标·新挑战：新小学科学课程的重构与落实. 中小学管理，（9）：30-32.

潘洪建. 2017. 小学科学课程：国际趋势与政策建议——基于 10 国课程标准的比较. 当代教育与文化，（2）：32-40.

潘洪建，邵娟. 2019. 巴西 BNCC 及其对我国课程改革的启示——以自然科学领域为例. 外国中小学教育，（11）：56，73-80.

任建英. 2023. 核心素养导向的中小学科学教材编写模型探讨. 上海教育科研，（12）：34-39，74.

王强，周婧，孙铭明，等. 2017. 发挥小学化学实验教学功能的策略初探. 化学教育（中英文）（21）：73-75.

王秋芳，王鹏. 2018. 试析我国小学科学课程标准之"新"与"行". 上海教育科研，（2）：61-64.

王少卿，赵浩浩. 2020.《义务教育小学科学课程标准》课程内容动词统计分析. 上海教育科研，（1）：61-64.

肖化，区楚瑜，周少娜. 2019. 以 STEM 教育视角比较小学科学课程标准. 基础教育，（3）：47-57.

杨妙霞. 2017. 小学《科学》与初中《化学》教材中实验活动的衔接研究. 化学教育（中英文），（21）：6-10.

姚建欣. 2018. 新编小学科学教材的特点分析与后续册次修订建议. 课程·教材·教法，（11）：128-133.

姚建欣，郭玉英. 2017. 小学科学教育：课程创新与实践挑战. 课程·教材·教法，（9）：98-102.

叶宝生，董鑫. 2023.《义务教育科学课程标准（2022 年版）》核心素养中科学观念的内涵与落实——基于自然辩证法思想的理论分析与实践对策. 课程·教材·教法，（2）：123-130.

张红霞. 2023. 义务教育阶段科学课程"探究实践"核心素养学习进阶设计的思考——基于美国《新一代科学教育标准》的启示. 人民教育，（7）：70-74.

张军霞. 2020. 关于小学科学教材中生态文明教育的思考. 课程·教材·教法，（6）：122-128.

朱阿娜. 2020. 小学科学教材的意义创生式理解. 教学与管理，（32）：62-64.

左成光，田泽森，王俊民. 2019. 小学新科学课程标准之"变"及其应对. 基础教育课程，（1）：15-20.